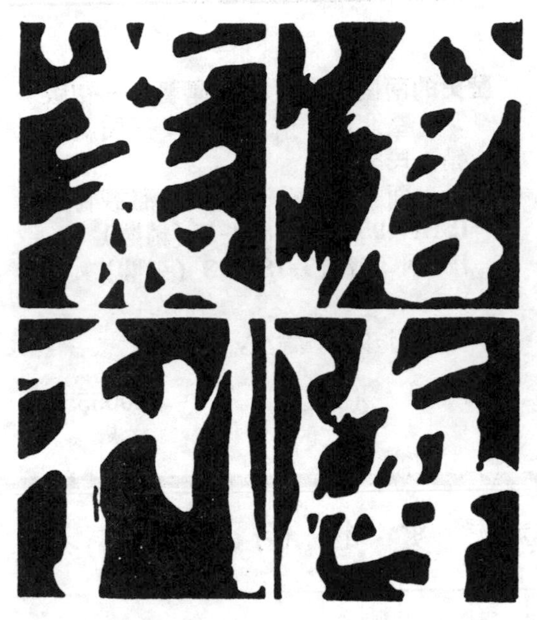

歷史的兩個境界

杜維運 著

東大圖書公司印行

國立中央圖書館出版品預行編目資料

歷史的兩個境界／杜維運著. -- 初版
. -- 臺北市：東大發行：三民總經
銷，民84
面；　　公分. --(滄海叢刊)
ISBN 957-19-1824-5 (精裝)
ISBN 957-19-1825-3 (平裝)

1.中國-史學-論文、講詞等

617　　　　84005552

著作人　杜維運
發行人　劉仲文
著作財產權人　東大圖書股份有限公司
臺北市復興北路三八六號
發行所　東大圖書股份有限公司
地　址／臺北市復興北路三八六號
郵　撥／〇一〇七一七五──〇號
印刷所　東大圖書股份有限公司
總經銷　三民書局股份有限公司
門市部　復北店／臺北市復興北路三八六號
重南店／臺北市重慶南路一段六十一號
初　版　中華民國八十四年七月
編　號　E 60020
基本定價　貳元捌角
行政院新聞局登記證局版臺業字第〇一九七號

ISBN 957-19-1825-3 (平裝)

序

民國八十三年春天，政治大學舉行人生智慧與經驗系列講座，我寫好萬言以上的講稿，於三月二十六日宣讀，題目是〈歷史的兩個境界——淑世與致用〉，這是有憂時的微意的。數千年來，中國在世界萬國叢林中，是最重視歷史的國家，可是陵夷到二十世紀的今天，差不多已淪於最不重視歷史的國家。上自總統，下至庶人，已沒有多少歷史觀念；視歷史如水池中的泡沫，一瞬即逝者，比比皆是；欲盡去中國歷史而歡心者，更是滔滔者盈天下。國人無限的精神資源將盡失，可以經綸世務的利器，悉化陳迹，國家前途，陷於茫茫之域，民族命運，如臨失去航手之日，誰說這僅是一群歷史工作者的隱憂呢！

中國現代的史學，也瀕於危機重重之秋。現代史學所極端致力者，為用科學的方法以求眞。為求眞，歷史的文字，可以拙劣；歷史的內容，可以枯澀；歷史的褒貶，被認為是史學的糟粕；歷史的教育，已淪於史乘的末務；相對的觀念充斥，絕對的善惡邪正，眞僞是非，不見影踪；偏私的理論橫陳，歷史事實降落於微不足道的地位；學術、文化的精華，不見於歷史；知識、智慧的燈塔，自歷史而滅息。所謂現代史學如此，其流所極，歷史已不再是引人入勝的作品，歷史已失去維持人類文明的功能，歷史對邪惡人所起的阻嚇作用失效了，歷史所擁有的神聖、高貴、威嚴的地位喪失了。現代史學的危機，已昭昭然在人耳目。拙著《中國史學史》第一冊〈自序〉中，曾言及此，今再刊出，藉作獻言。

〈民風與國運〉是一篇感慨萬千之作。從歷史上看，泱泱民風，能使國大；蓬勃民風，能使國強；民風低沉，則國勢不振；民風微弱，則國家將亡；民風蠻悍，暴戾恣睢，則國雖存而猶亡；民風醇美，雍容典雅，則國雖亡而永存。民風關係於國運如此。然而當今的中國，泱泱大國民之風遠盪，禮義之邦的稱號難存，茫茫神州，國人勤勞、知足、和平、禮讓、仁愛、寬恕等美德，差不多都不見影踪了；悠悠寶島，謾罵之聲盈耳，暴戾之氣瀰漫，狹義的地方主義盛行。民風如此，國運堪憂。寫此文所以略抒愛國之忱（文載《國史館館刊》復刊第十七期，民國八十三年十二月）。

〈史學方法上的兩極〉與〈耳聰目明的史學家〉兩文，是由演講稿改寫而成。多年以來，國內各大學歷史系的同學，常約我作專題演講，我在多接觸年輕人的原則下，皆欣然答允。演講稿盈積近二十篇，然而其寫成多甚匆忙，其中有浮泛處，有重複處，有不細緻處，有牽就聽眾處，不再動大手術，難以公之學林。這兩篇的改寫是嘗試，盡去注腳，希望能得到年輕讀者的共鳴。（〈史學方法上的兩極〉載於《歷史月刊》第八十四期，民國八十四年一月；〈耳聰目明的史學

家〉載於《歷史月刊》第八十六期，民國八十四年三月）

〈韓國史家用中文寫的一部史書——標題音註《東國史略》〉與〈邵晉涵之史學〉兩文，是參加學術會議的論文。前者是在韓國漢城參加「第五屆中國域外漢籍國際學術會議」時宣讀的（民國八十年十二月載入《第五屆中國域外漢籍國際學術會議論文集》），後者是寄至「浙東學術國際研討會」宣讀的（一九九三年三月二十一日至二十五日在浙江寧波大學舉行「浙東學術國際研討會」，我應邀參加，論文寫好，臨時有事，不克出席，由與會學者代為宣讀。現該文由《政治大學歷史學報》第十一期刊出，時為民國八十三年元月）。自前者可以略見中國史學對韓國的影響；自後者可以看出一位極負史學盛名而所留史學作品極少的史學家，其在史學上的成就究如何。

〈屠寄傳〉、〈夏曾佑傳〉、〈朱希祖傳〉與〈何炳松傳〉四文，是為黨史會及國史館所寫的不長不短的傳記，主旨在呈現四位史學家的史學，生平細節，不甚詳盡。

〈初訪劍橋〉與〈再訪劍橋〉兩文，是追記前遊之作。〈謙虛博學的劉壽民師〉、〈古道熱腸的吳協曼教授〉與〈李大哥〉三文，是為紀念恩師與老友而寫。（〈初訪劍橋〉載《歷史月刊》第十一期，民國七十七年十二月；〈謙虛博學的劉壽民師〉載《傳記文學》第五十七卷第五期；〈古道熱腸的吳協曼教授〉載《中央日報》副刊，民國七十八年七月七日；〈李大哥〉載《中央日報》副刊，民國八十一年三月十九日。）

中華民國八十四年五月杜維運自序於臺北市看山樓

歷史的兩個境界

目次

序

一、論著

歷史的兩個境界……三
——淑世與致用
現代史學的危機……二一
史學方法上的兩極……二五
耳聰目明的史學家……三三
邵晉涵之史學……四一

韓國史家用中文寫的一部史書
——標題音註《東國史略》……七一
民風與國運……八五
二、傳記
屠寄傳……一一一
夏曾佑傳……一二五
朱希祖傳……一三五
何炳松傳……一四五
三、述往
初訪劍橋……一五九
再訪劍橋……一六五
謙虛博學的劉壽民師……一七一
古道熱腸的吳協曼教授……一八三
李大哥……一八七

一、論著

一、論著

歷史的兩個境界

——淑世與致用

（一）

數千年來，中國在世界萬國叢林中，是最重視歷史的國家。數千年設立史官，及時記載天下事，是世界難有的盛況；千年以上的時間，設立史館，撰修當代史與前代史，是史學上的不朽事業；天子公卿之尊，山林樵夫牧叟之微，皆凛然於歷史的尊嚴；碩學之士，著書立說，英華之才，放言議論，規規然咸以歷史爲依歸。凡此，都說明歷史在中國數千年悠久的傳統中，佔有尊崇的地位。可是，發展到二十世紀的今天，情形驟然改觀。及時記載天下事的史官失蹤了；史館修史的事業，差不多等於虛文了；上自總統，下至庶人，歷史的觀念有限；哲士學者，詞人騷客，也競以反歷史反傳統爲能事。最重視歷史的國家，淪於極不重視歷史的國家（雖然不敢說是最不重視歷史的國家），這是歷史上的突變！突變的形成，原因很多，認爲歷史無用，應是最大的原因之一。歷史是過去的陳迹，如雲煙般消逝，無助於六年國家建設，不能當選票使用，其有其無，沒有作用。此類論調流行，歷史的地位，自然消沉於天地之間了。

「歷史自然沒有鋤頭、摩托車或電流的功用。它不是物質（a material thing），可以直接使用。不知歷史的人，大可以採掘馬鈴薯，或從牛身上取奶」❶。「物理科學家的發現，對於物質上的目的，諸如軍事上、醫學上、工業上以及農業上，有其重要性。歷史的發現，則殊少此類價值」❷。「歷史不像物理學一樣，有其實際功用，不管其歷史知識如何淵深，沒有人能用歷史知識，發明蒸汽機，或使全城光明，或治癌病，或在北極圈種小麥」❸。以極現實的眼光，自然看不出歷史有什麼用處。歷史的用處，有待從大處、深處、遠處去看。

從大處、深處、遠處去看，能發現歷史有兩個境界，一個是淑世的境界，一個是致用的境界。兩個境界配合起來，能使歷史的用處，無盡無窮。

（二）

首先，歷史能爲世人帶來一個精神上的領域，使人的生存時間延長，而神遊於萬古之上。人

---

❶ Ernest Scott, *History and Historical Problems*, Oxford University Press, 1925, p. 4.

❷ G. M. Trevelyan, *Clio, A Muse and Other Essays*, Longmans, 1913, p. 189.

❸ Ibid., p. 143.

生忽忽數十寒暑，瞬即消逝，即使生值一個驚濤駭浪的變動時代，即使躬逢一個燦爛輝煌的文明盛世，所見所聞，仍極有限。惟有歷史，能使人生存在無限的時間裡面，擺脫現代的羈絆，自由馳騁於人類開闢以來的無數世紀。生於二十世紀的今日，我們已知道數千年來，人們已在很眞實的生活了，有時「日出而作，日入而息，掘井而飲，耕田而食」❹，極其恬靜；有時「吹竽鼓瑟，擊筑彈琴，鬥鷄走犬，六博蹋鞠」❺，極其奢靡；有時精神煥發，思潮洶湧，創出各種各樣的學問；有時慷慨悲歌，意氣干雲，掀起轟轟烈烈的偉業；驚心動魄的事件，不斷發生；特立獨行的人物，前後相望。這一些，不是虛幻，而如現在一樣的眞實，如現代人進入太空、登陸月球一樣的神奇；這一些，不是其他學科所能告訴我們的，祇有歷史才能將其清楚呈現。假如人類有歷史的時代，不是數千年，而是數萬年或數十萬年，那麼人所知道的奧祕，必更豐富，人的壽命，無形中由數十年延長到數萬年或數十萬年，那是如何令人歡欣鼓舞的事呢！考古學家用最科學的方法，考證史前人類的生活，總是流於籠統、呆滯，較之歷史的記錄，相去不可以道里計。所以歷史在基本上是富有詩情畫意的，它能爲世人帶來一個精神上的領域。爲逃避現實的囂塵，可以馳騁於這個領域；爲窺探人類的奧祕，可以馳騁於這個領域；爲尋求知識的樂趣，也可以馳騁於這個領域。「從機械的當代，進入匠人多而機械少，想像多而科學少的世紀，是一種復蘇」

❹〈擊壤歌〉，收入沈德潛選《古詩源》。

❺見《戰國策》齊一第八。

❻。「熟悉歷史的人，在某些方面可以說是生於世界開闢之日」❼。醉心於歷史的世界裡，耗畢生美好歲月於繁冗枯燥的歷史材料中，往往是爲了精神上的解脫，學術上的好奇（intellectual curiosity），以及知識上的享受（intellectual enjoyment）。「暗砌蛩吟，曉窗鷄唱，細書欹格，夾注跳行，每當目輪火爆，肩山石壓，猶且吮殘墨而凝神，搦禿豪而忘倦，時復默坐而翫之，緩步而繹之，仰眠牀上，而尋其曲折，忽然有得，躍起書之，鳥入雲，魚縱淵，不足喻其疾也。顧視案上，有藜羹一盃，糲飯一盂，於是乎引飯進羹，登春臺，饗太牢，不足喻其適也」❽。即知識上的高度享受。由此說起來，歷史如詩一般❾，能滋潤人生，美化人生，開拓人生，其淑世的功能，實非筆墨所能道盡了。

（三）

---

❻ G. M. Trevelyan, "History and the Reader," in his *An Autobiography and Other Essays*, Longmans, 1949, p. 60.

❼ David Hume 之語，轉引自 C. V. Wedgwood, *History and Hope*, Ruddock, 1963, p. 7.

❽ 王鳴盛〈十七史商榷序〉。

❾ 關於歷史源於詩，歷史有詩的功用，英國史學家 G. M. Trevelyan 是主張最力者之一。參見其 *An Autobiography and Other Essays*, pp. 60, 80; *Clio, A Muse and Other Essays*, pp. 102, 103, 196.

啟廸思想，增加智慧，是歷史有淑世功能的另一呈現。歷史的表面，是層出不窮的事件，其背後則涉及種種不同的思想。如以體用來比喻，則思想其體，事件其用。因此歷史是思想的最大源泉之一。歷史又是人類經驗（human experience）的記錄，以往人類的經驗，適可爲來者作參考，智慧因之油然而興。所以西哲所言：「歷史增人智慧」[10]；「一切歷史的目的和範圍，即在以過去的例證來傳授我們，指導我們的欲望和行動的智慧」[11]，說明了歷史有增加智慧的功能。「所有的歷史，都是思想史」[12]，史學家寫歷史在於「述往事，思來者」[13]，也充分顯示出歷史大有作用於啟廸思想。

思想的出現，有其時間、空間的條件。靜觀天地之大，往往思如潮湧。歷史則能將時間、空間延長擴大，使人人可以上下數千年，馳騁數萬里，此時思潮如風起雲湧，豈是偶然。所以歷史除了本身爲思想的化身，足以啟廸思想外，也提供了思想出現的條件。大思想家每精歷史，關鍵在此。

---

[10] Francis Bacon, *Of Studies*.

[11] Walter Raleigh (1552?-1618) 之言，見於 Sir Charles Firth, Sir Walter Raleigh's "History of the World" in Firth's Essays Historical and Literary, 1938.

[12] 此爲意大利史學家 Benedetto Croce (1866-1952) 與英國史學家 R. G. Collingwood (1889-1943) 所倡之說。

[13] 《史記》〈太史公自序〉。

智慧的形成，由於多識前言往行。「以銅為鏡，可以正衣冠；以古為鏡，可以知興替」⑭。歷史能為人類作參考，以增加智慧，在於鑑戒的作用。「殷鑒不遠，在夏后之世」⑮，一旦歷史上安危治忽之幾，燭照數計，自可產生免蹈前人覆轍的智慧。秦以苛法而亡，漢興以後，濟以寬大。唐以藩鎮而衰，宋興以後，集權中央，強幹弱枝。失敗的教訓，祇能從歷史上獲得。同時歷史能使人類眞正瞭解現在，而為其將來提出概略性的指導。當第一次世界大戰結束以後，新問題叢生。世人紛紛回到歷史上去，有人想發現解決當代問題的資料，有人存著夢想，期以找回失去的自信（confidence in self）與人性（humanity），有人奢望得到理想（ideals），有人僅圖覓得慰藉⑯。大凡想對於當代的困惑找答案，對於將來的發展找方向，非乞靈於歷史不可。昧於歷史，將陷於昏昏噩噩的狀態。

（四）

人類進化與文明的樞紐，操之於歷史。世界上最進化最文明的民族，往往是最重歷史的民

---

⑭《舊唐書》〈魏徵傳〉。
⑮《詩經》〈蕩〉。
⑯ C.H. Williams, ed., *The Modern Historian*, Nelson, 1938, p. 20.

族。印度民族不重歷史，以致印度雖是世界四大文明古國之一，而今天卻愚昧而落伍；中國、歐洲最重歷史，而各爲東西文明的重心。人類的進化，是要有所沿襲的；人類的文明，是由累積而來的。人類所以爲萬物之靈，便是由於有蒐集前代經驗的本能，有此本能，便能進化與文明。據說現代人的腦子，不比五千年以前人的腦子大，現代人的天賦思考能力，不比五千年以前人的天賦思考能力高⑰。但是以其所蒐集的前代經驗多，有些方面，基礎已穩固了，有些方面，祇要沿襲就可以了。前人殫畢生精力所發現的一項眞理，可以得之於旦夕；前人所遭遇的慘痛教訓，可以避之而不重犯。以致表面上看，現代人像是比較聰明，像是更富思考能力，其實是累積與沿襲的結果。能够將以往人類進化的情形，以往人類文明的累積情形，一一昭示後世的，是歷史。歷史是人類進化與文明的樞紐，即此已燦然大白。

人類的進化與文明，進一步繫於是否人人能發揮其智慧與力量，是否人心世道日趨於醇美。能鼓舞人群，使人人儘量發揮其智慧與力量的，是歷史。因爲名垂青史，是人類心理上的一種希望。有形的軀殼，不久將長埋地下，與草木同腐了，聲名則可藉歷史與天地不朽。古今中外凡兢兢於立德、立功、立言者，往往出於留名之一念。由此區區一念，人類即漸幾於進化與文明。而歷史所留之名，有美有惡，專講褒貶的歷史，自然「褒見一字，貴踰軒冕；貶在片言，誅深斧

⑰ E. H. Carr, *What is History?* Macmillan, 1961, p.108.

鉞」⑱。即祇作敘事的歷史，亦有懲惡勸善的功能。捨名位之赫然者，捃拾溝渠牆壁之間，起酸魂落魄，使其顯名青史⑲，爲褒獎行爲高潔的人物；大奸大惡，詳載其行事，傳之於後，使千載而下，人人欲加双其頸，賤之爲禽獸，則又何異於刀鋸鼎鑊之誅？所以人心世道的日趨醇美，歷史所發生的作用，愈於宗教。人心世道日趨醇美了，人類才是眞正的邁向進化與文明。如此說起來，歷史的淑世功能，是昭昭然若揭諸日月了。

（五）

世界紛擾，戰禍彌已，唯有歷史有可能促使世界走向和平。西方史學家認爲近代文明開始於人類覺悟歷史的重要性，而完全進入歷史之中⑳，這是眞正認識歷史的偉論。歷史能使人瞭解自己與自己的國家，更能使人瞭解他人與他人的國家。中國人不知中國歷史，即不足知中國；中國人不知自己所承受於中國歷史者，即不足以知自己。英國人所以如此，德國人所以如彼，惟有歷

---

⑱ 劉勰《文心雕龍》卷四〈史傳〉。

⑲ 黃宗羲有此觀念，參見拙文〈黃宗羲與清代浙東史學派之興起〉（《故宮文獻》第二卷第三、四期，民國六十年六月、九月）。

⑳ E. H. Carr, *What is History?* p.144.

史能暴其眞相：歷史的悠長演進，使國會制度(parliamentary institutions)與自由，變成了英國人的一切；擧國的軍事野心，擧國人民的向心政府，促使德國在俾斯麥時代(Bismarck's day)，形成了鐵血政策。所以在萬國林立的今日世界裡，國與國之間，民族與民族之間，能否互相瞭解，歷史扮演最重要的角色。科學已使世界的距離極度縮短了，科學也使世界極有可能毀於旦夕。據估計，在一九九〇年代，世界上可能有四十八個國家擁有核子武器㉑，更恐怖更具摧毀力的生化武器（biological and chemical weapons），在積極發展之中（亦在積極約束之中）。那麼今後世界的命運，繫於國與國民族與民族之間，能否和平相處。以人道與「四海之內皆兄弟也」（humanity and brotherhood）相標榜，以期減少國際間的仇恨，往往華而不實，難收成效。實際上國際間的不能和平相處，最大的關鍵，在於彼此缺乏瞭解，所以歷史須在此出現。一旦整個世界都進入歷史之中了，對峙的萬國，才有可能由互相瞭解而相安於無事。由此說起來，歷史是有最大的淑世功能了，在此也可以說是救世功能了。

（六）

㉑ Sir John Cockcroft, "The Perils of Nuclear Proliferation," in Nigel Calder, ed., *Unless Peace Comes*, New York, 1968, p. 37.

所謂淑世，用英文來解釋，是 to refine the world。人世間枯燥、單調、短暫，需要歷史滋潤人世，美化人世，開拓人世；人世間戰爭頻仍，禍亂相尋，種族的仇恨不斷，世界的和平難期，需要歷史促使世人互相瞭解，消除敵意；人類能否進化，能否文明，歷史居於樞紐的地位；人類思想的開濶，智慧的閃爍，歷史是培育者，開啟者。如此說起來，歷史是有淑世的功能了。人類較好的將來 (a better future)，寄望於歷史。所以說歷史有一個淑世的境界，不是虛構。這是一個精神的境界，就像一般所講的形而上的世界一樣，不著實際，而卻有其作用。誰說歷史祇是過去的陳迹呢？

淑世的境界以外，歷史又有一個致用的境界，這是一個實際的境界，配合著起精神作用的淑世境界，使歷史變成像劉知幾所說的「乃生人之急務，爲國家之要道」[22]。

歷史所以資治，是歷史致用境界的具體表現。中國史學家爲歷史下定義，立界說，往往以資治爲第一義：「史者，所以明夫治天下之道也」[23]。「夫史者，所以紀政治典章因格損益之故，與夫事之成敗得失，人之邪正，用以彰善癉惡，而爲法戒於萬世。是故聖人之經綸天下，而不患其或敝者，惟有史以維之也」[24]。「所貴乎史者，述往以爲來者師也。爲史者記載徒繁，而經世

---

[22] 《史通》〈史官建置〉。

[23] 曾鞏〈南齊書序〉。

[24] 戴名世《南山集》卷一四〈史論〉。

之大略不著，後人欲得其得失之樞機以效法之，無繇也。則惡用史爲？」㉕中國一脈相承的廿五史，凡有關資治的史實，無不備載。律曆、禮樂、食貨、天文、溝洫、刑法、地理、百官、輿服、選舉、兵制、部族諸志，自然無一不與治道相關，即列傳也是政治史實的淵藪。如《漢書》〈賈誼傳〉載其〈治安策〉，〈賈山傳〉載其〈至言〉，〈公孫弘傳〉載其〈賢良策〉，即是明證㉖。至於《通典》、《文獻通考》一類的史籍，則與政書無異。如《通典》凡分八門，計食貨、選舉、職官、禮、樂、兵刑、州郡、邊防。杜佑於自序中云：「所纂《通典》，實采群言，徵諸人事，將施有政。夫理道之先，在乎行教化，教化之本，在乎足衣食。《易》稱聚人曰財，〈洪範〉八政，一曰食，二曰貨。管子曰：倉廩實知禮節，衣食足知榮辱。夫子曰：既富而教。斯之謂矣。夫行教化在乎設職官，設職官在乎審官才，審官才在乎精選舉，制禮以端其俗，立樂以和其心，此先哲王致治之大方也。故職官設然後興禮樂焉，教化隳然後用刑罰焉，列州郡俾分領焉，置邊防遏戎狄焉。」就作者詮釋其編第之旨，可以清楚的看出這是一本經綸天下的政書。所以「歷史是過去的政治，政治是現在的歷史」㉗一類的論調，用在中國，比用在西方，尤爲適合。西方史學傳統中，人人盡知相當注意從歷史中尋求當代的政治軌道，定出當代的政治原則。

㉕ 王夫之《讀通鑑論》卷六。

㉖ 參見趙翼《廿二史劄記》卷二〈漢書多載有用之文〉條。

㉗ 英國史學家 E. A. Freeman（1823-1892）堅持此說。

羅馬共和時期的希臘史學家波力比阿斯（Polybius, C. 201 B.C.-120 B.C.）即認爲歷史是訓練政治人才最好的科目；英國近代史學家仍然認爲文官的訓練，要靠歷史㉘。那麼在中國，歷史是政治知識與政治智慧（political wisdom）的淵源，更不容置疑。「有國者不可以不知《春秋》，前有讒而弗見，後有賊而不知。爲人臣者不可以不知《春秋》，守經事而不知其宜，遭變事而不知其權」㉙。「爲人君而不知《通鑑》，則欲治而不知自治之源，惡亂而不知防亂之術。爲人臣而不知《通鑑》，則上無以事君，下無以治民」㉚。中國史書的資治功用，極爲明顯。從事實際政治者，應知歷史，於是不待辨而可知。不知歷史，想成爲卓越的政治家，無異緣木而求魚。

政治是最現實的，而歷史可以資治，歷史的致用功能盡現。

（七）

「夏太史令終古出其圖法，執而泣之，夏桀迷惑，暴亂愈甚，太史令終古乃出奔如商」㉛；

㉘ A. L. Rowse, *The Use of History*, Macmillan, 1946, p. 6.

㉙ 《史記》〈太史公自序〉。

㉚ 胡三省〈新註資治通鑑序〉。

㉛ 《呂氏春秋》卷一六〈先識覽〉。

「殷內史向摯見紂之愈亂迷惑也，於是載其圖法，出亡之周」㉜；「晉太史屠黍見晉之亂也，見晉公之驕而無德義也，以其圖法歸周」㉝。這是中國古代史官爲保存歷史而棄國出奔的事實。君主昏暴，國事已不可爲，而歷史不能亡，寧攜歷史以出奔。歷史的被珍重如此。到宋、元之際，於是出現了「國可滅，史不可滅」的史學觀念。宋德祐二年（一二七六年）宋都臨安陷落之時，元將董文炳在臨安主留事，曾說：「國可滅，史不可沒。宋十六主，有天下三百餘年，其太史所記，具在史館，宜悉收以備典禮。」於是得宋史及諸注記五千餘册，歸之國史院㉞。首先建議修金史的劉秉忠則云：「國滅史存，古之常道。宜撰金史，令一代君臣事業，不墜於後世」㉟。這是在元中統元年（一二六〇年）以前數年提出。元至元元年（一二六四年），王鶚請修遼、金二史，其言曰：「自古有可亡之國，無可亡之史。蓋前代史册，必代興者與修，是非與奪，待後人而後公故也。」至正四年（一三四四年）阿魯圖〈進《金史》表〉云：「竊惟漢高帝入關，任蕭何而收秦籍，唐太宗即祚，命魏徵以作《隋書》。蓋曆數歸眞主之朝，而簡編載前代之事。國可滅，史不可滅，善吾師，惡亦吾師」㊱。自宋末至元修宋、遼、金三史，所能見到有關「國可

㉜ 同上。
㉝ 同上。
㉞ 《元史》〈董文炳傳〉。
㉟ 《元史》〈劉秉忠傳〉。
㊱ 歐陽玄《圭齋文集》卷一三。

滅，史不可滅」觀念的文字記錄，大致如此。值得注意的是，元的一位將軍，竟有這種觀念而保存了宋史及諸注記五千餘册，足證這已是宋末極普遍的一種觀念，爲保存歷史而打破了國界！首先建議修金史的劉秉忠是元世祖時代博學多識的一位諫臣；王鶚則爲元世祖所禮遇的金遺民，其所謂「自古有可亡之國，無可亡之史」，已有了存故國歷史的意味。實際執筆起草〈進《金史》表〉的歐陽玄（阿魯圖掛名而已），幼年曾從宋故老習爲詞章，經史百家，靡不研究㊲，他強調「曆數歸眞主之朝，而簡編載前代之事，國可滅，史不可滅」，也多少代表了一些宋遺民的意見。如以另外一位金史學家元好問來看，國亡後矢志存故國之史，當時已頗不乏人。《金史》〈元好問傳〉云：「金亡不仕，……晚年以著作自任，以金源氏有天下，典章法度，幾及漢唐，國亡史作，已所當任。時金國實錄在順天張萬戶家，乃言於張，願爲撰述，既而爲樂夔所沮而止。好問曰：『不可令一代之跡，泯而不傳。』乃構亭於家，著述其上，因名曰野史，凡金源君臣遺言往行，采摭所聞，有所得輒以寸紙細字爲記錄，至百餘萬言。」自此大致可以看出當時爲故國而存史的觀念，已漸流行。

元亡明興，明太祖於洪武二年（一三六九年）謂廷臣曰：「近克元都，得元十三朝實錄，元雖亡國，事當記載。」於是詔修元史，以李善長爲監修，以宋濂、王禕爲總裁，並徵山林遺逸之

㊲《元史》〈歐陽玄傳〉。

士汪克寬、胡翰、宋禧、陶凱、陳基、趙壎、曾魯、高啟、趙汸、張文海、徐尊生、黃篪、傅恕、傅著、謝徽十六人同爲纂修，開局於天界寺，取元《經世大典》諸書，以資參考。諸儒至時，明太祖諭之曰：「務直述其事，毋溢美，毋隱惡，庶合公論，以垂鑒戒」㊳。這是中國史學上極值注意的一件大事，存勝國之史，而又大量徵勝國遺民參與修史，且自在上者發動。從此延聘前朝遺民修前朝史的新傳統形成。清以異族入主中國，繼承了這種新傳統。康熙十八年（一六七九年），詔修明史，當時最熟悉明史的明遺民萬斯同被請至京師，萬氏爲盡遺民之節，係以布衣參史局，從康熙十八年到康熙四十一年（一七〇二年），二十餘年的悠長時間，不署銜，不受俸，與人往來，其自署惟曰布衣萬斯同，這是純爲故國而存史的。「塗山二百九十三年之得失，竟無成書，其君相之經營創建，與有司之所奉行，學士大夫之風尚源流，今日失考，後來者何所據乎？昔吾先世，四代死王事，今此非王事乎？祖不難以身殉，爲其曾玄，乃不能盡心網羅，以備殘略，死尚可以見吾先人地下乎？故自己未以來，迄今二十年間，隱忍史局，棄妻子兄弟不顧，誠欲有所冀也」㊴。萬氏自己將隱忍史局的隱情，完全吐露出來了。不肯赴明史館的明遺民黃宗羲，更屢屢強調「國可滅，史不可滅」的觀念㊵。他與明史館總裁葉方藹、徐元文屢通款

㊳《明實錄》卷三九〈太祖實錄〉。

㊴劉坊〈萬季野行狀〉。

㊵如《南雷文約》卷一〈戶部貴州靖吏司主事兼經筵日講官次公董公墓誌銘〉；《南雷文案》卷三〈旌表節孝馮母鄭太安人墓誌銘〉。

曲，不能解釋成向清廷獻媚，而實是他想藉著這種關係，保存有明三百年的歷史㊶。從此看起來，中國史學上的「國可滅，史不可滅」的觀念，是極純的歷史觀念，消滅了敵國，卻不消滅敵國的歷史，元修宋遼金史、明修元史、清修明史，都是存敵國的歷史。亡國遺民，矢志以保存故國歷史爲己任，更是亡國歷史能夠存下來的關鍵。歷史的被重視如此，歷史的保存、比國家的存在更重要如此，可見歷史對國家有最大的功用。國家可亡，而歷史則不可亡。國家亡了，仍有恢復的希望。歷史亡了，則國家將永遠沉淪不復了！晚近世界大通，滅人之國，先滅其史，毒辣手段，無過於此。不幸我們的教育部，近些年來，對於中國歷史，視若仇敵，大量削減中學、大學有關中國歷史的課程，這是自己消滅自己的歷史。如果不是另有居心，眞是匪夷所思了！

想使國家永久存在下去，必須保存歷史，歷史與國家的興亡關係密切如此，歷史的致用功能可見。說歷史於淑世的精神境界之外，另有一個致用的實際境界，其誰曰不然。

（八）

中國立國數千年，迄今屹立不墮，應拜歷史之賜。《春秋》所揭示的大一統之義，促使秦漢

㊶ 同⑲。

大一統的局面出現；秦漢以後，中國絕而復續者屢，也受《春秋》大一統之義的影響；《春秋》「別嫌疑，明是非，定猶豫，善善惡惡，賢賢賤不肖」㊷，則維持中國文明於不墮；繼《春秋》而寫的《新五代史》、《通鑑》，使「干戈賊亂之世」的五代㊸，進至有宋的文明；明末清初出現的《日知錄》、《讀通鑑論》，嚴夷夏之防，持名教之論，中華賴以再造，世道藉之復蘇㊹。歷史大有造於中國者如此，所以到唐中葉，劉知幾便這樣立論說：「史之爲用，其利甚博，乃生人之急務，爲國家之要道，有國有家者，其可缺之哉！」㊺這是明快精當之論，這也是中國歷史上第一次明白指出歷史有大功用的言論，值得國人深思。

認清歷史有大功用，不是偶然的。當司馬遷轉述董仲舒之言時說：「夫《春秋》，上明三王之道，下辨人事之紀，別嫌疑，明是非，定猶豫，善善惡惡，賢賢賤不肖，存亡國，繼絕世，補敝起廢，王道之大者也」㊻，這祇是承認《春秋》的大功用，而未普遍擴及到歷史的功用；當魏文帝曹丕倡言：「文章經國之大業，不朽之盛事，年壽有時而盡，榮樂止乎其身，二者必至之常期，未若文章之無窮」㊼，這祇是認清文章是經國之大業，不朽之盛事，而未悟及眞有此功用者

㊷同⑲。
㊸《新五代史》卷一七〈晉家人傳〉。
㊹參見拙書《憂患與史學》第二章。
㊺同㉒。
㊻同㉙。
㊼《昭明文選》卷五二〈典論論文〉。

是歷史；文學批評的泰斗同時也精通史學的劉勰，於齊、梁之際也祇能說：「史之爲任，乃彌綸一代，負海內之責，而贏是非之尤，秉筆荷擔，莫此之勞」㊽。歷史有大功用，而認清歷史有大功用者，則爲較晚的時代，中外皆如此㊾。不意到了二十世紀的今天，中國竟一反常態，卑視歷史，這是令人驚訝的現象，也是令人感慨、歎息，甚至於痛哭流涕的現象！「興亡有迭代之時，而中華無不復之日」㊿，如果中國的歷史飄零，顧炎武所持的信念，將是虛幻！

歷史能淑世，能致用，有其大功用，也有其弊害。人類的仇恨，國家民族的戰爭，往往肇端於歷史。當歷史爲野心家所利用，而變成宣傳性的武器時，則大災難將由之以起。史學家祇知爲政治服務，祇知一個馬克斯的歷史理論，以生產條件、階級鬥爭解釋所有的歷史，其不引起人間仇恨者幾希，其不導致人類完全喪失人性而趨於毀滅者幾希。即使史學家無心自欺及欺世，僅以激動的筆調，敍述自認爲正確的歷史故事，皆可能引起不良的影響。所以人類祇能寄望於良史 (good history) 出現，劣史 (bad history) 遠遏。這是史學家的責任。

㊽ 同⑱。

㊾ 西方談及歷史的功用一類的專文與專書，多出現於近代，此有待進一步作統計。

㊿ 原抄本《日知錄》卷九〈素夷狄行乎夷狄〉條。

現代史學的危機

人類異於其他萬物，由於人類珍視其過去，留下了一部用文字寫成的歷史。萬物皆有其過去，人類以外的萬物，任由其過去如泡沫般消逝，不留痕跡。人類則用文字記錄其過去，於是留下一部極爲珍貴的歷史（人類未發明文字以前，已用各種方式留往事，結繩即爲其一）。這一部歷史，與人類眞正的過去，雖非盡合，卻有其相當的眞實性，其珍貴亦在其具有眞實性。古今中外史學家所兢兢業業，所慘澹經營者，往往爲追尋歷史的眞實程度；求眞於是變成史學上的第一要義。不眞的歷史，如虛幻的樓閣，意義毫無。可是，眞的歷史，有待美與善的歷史相輔翼。歷史而流於「斷爛朝報」，歷史而變成「人類罪惡、愚昧與不幸的記錄」（Edward Gibbon語），歷史的景象，是「人類愚蠢、蠻橫、貪婪與邪惡的一幅景象」（Immanuel Kant 語），歷史之有，反不如其無。所以史學家須在眞的歷史上，進一步寫美的歷史，善的歷史。歷史的文字，優美典雅；歷史的內容，翔實生動；淵博的學術，精湛的文化，自歷史而展現；知識的火炬，智慧的光芒，從歷史而散發；善惡邪正，眞僞是非，聖賢豪傑的光明磊落，巨奸大惡的殘暴淫邪，皆現於歷史，歷史造福於人類者，又豈筆墨所能道盡！「述往事，思來者」；「紀政治典章因革損益之故，與夫事之成敗得失，人之邪正，用以彰善癉惡，而爲法戒於萬世」；「君舉必紀，臧否成敗，無不存焉，下及士庶，等各有異，咸在典籍，或欲顯而不得，或欲隱而名章，得失一朝，而榮辱千載，善人勸焉，淫人懼焉。」歷史多著眼於對後世的懲勸，人類的文明，將自此而現曙光。所以寫眞的歷史以外，進一步治眞善美於一爐，是史學上的盛事。

人類是有罪惡的，有時是愚昧的，有時是不幸的。但是人類有時洋溢著燦爛的才華，有時開創出自由、富庶、和平、安樂的時代，其善良也足以掩其罪惡。歷史而變成「人類罪惡、愚昧與不幸的記錄」，不是整個歷史的眞實，而是出於史學家有意無意的製造。史學家將目光集中於人類的罪惡、愚昧與不幸，奮筆暢寫，而盡棄人類善良、聰明與幸福的事實，歷史又怎能不變成人類罪惡、愚昧與不幸的記錄呢？歷史的景象，又怎能不是「人類愚蠢、蠻橫、貪婪與邪惡的一幅景象」呢？杜蘭夫婦 (Will and Ariel Durant) 在寫完其大著《文明史》(*The Story of Civilization*) 以後，曾這樣寫著：「在戰爭與政治的大紅正門後面，在不幸與貧窮以外，在通姦、離婚、謀殺、自殺之餘，千萬人過著正常的家庭生活，夫妻恩愛，男女敦睦，與子女同喜憂。即使在記錄下來的歷史上，我們發現太多善良 (goodness) 的實例。……慈悲的稟賦，與戰場及牢獄的殘酷，差不多是平衡的。在我們簡單的敍述裏，很多次我們看到人們互相協助。」「誰敢來寫一部人類善良(human goodness)的歷史呢?」(Will and Ariel Durant, *The Lesson of History*, 1968, p. 41) 看到歷史上光明的一面，而感慨無人敢寫一部人類善良的歷史，這眞是歷史的悲哀了！

「究天人之際，通古今之變，而成一家之言」，是大史學家的本領；專取「關國家盛衰，繫生民休戚，善可爲法，惡可爲戒」的事實，寫成一部歷史，是大史學家的識見。史學上最關緊要處，是史學家的胸懷與識見。史學家具有淑世的胸懷，卓越的識見，衡量於歷史事實的眞僞虛實，斟酌於歷史對當代與後世所發生的影響，精選眞善美的素材，以寫成其歷史，歷史將是人類的福音，而不再是掀起人間腥風血雨的號角。史學，史學，孰重於此?!

中西史學，皆有兩千年以上的發展歷史，進入二十世紀以後，中西史學界皆認爲史學已發展到極盛時期，於是有現代人所引以爲榮的現代史學出現。現代史學所極端致力者，爲用科學的方法以求眞。爲求眞，歷史的文字，可以拙劣；歷史的內容，可以枯澀；歷史的褒貶，被認爲是史學的糟粕；歷史的教訓，已淪於史乘的末務；相對的觀念充斥，絕對的善惡邪正，眞僞是非，不見影蹤；偏私的理論橫陳，歷史事實降落於微不足道的地位；學術、文化的精華，不見於歷史；知識、智慧的燈塔，自歷史而滅熄；其尤甚者，爲快意撰寫人類罪惡的歷史，惟恐其不詳不盡，惟恐其流傳不廣。所謂現代史學如此，其流所極，歷史已不再是引人入勝的作品，歷史已失去維持人類文明的功能，歷史對於邪惡人所起的阻嚇作用失效了，歷史所擁有的神聖、高貴、威嚴的地位喪失了。揮拳於廟堂之上，謾罵於國會之中，狀若猛虎，聲似豺狼，而絲毫不懼惡名留於萬古，且自以爲得計。歷史，歷史，今日已喪其元；成爲時尚的現代史學，今日已現重重危機！

爲挽救現代史學的危機，須自史學史的研究與撰寫起。發展兩千年以上的史學，是歷代無數史學家竭盡智慧嘔盡心血所留下的結晶。其富有眞理處，可以超越時間空間的限制，而永遠有其價值；其因時代變遷而價值轉變者，亦可就時代與史學的關係，測出史學消長的消息。以中國史學來講，春秋大一統之義，維繫了中國兩千餘年的統一與強大；爲近人所諷譏的褒貶史學，對中國的文明，發揮了無法估計的維持功能；數千年史官及時記載天下事，是史學上的不朽盛業；優美的辭令，經世的文章，屢見於史册，豐富了歷史的內容；《史記》文章的恢宏，《漢書》措辭的溫雅，無損其敍事的眞實；《左傳》所表現出來的人文主義氣氛，《通鑑》所表現出來的磅礴渾厚氣象，非用現代極爲科學的電腦統計與甚爲時髦的結構學者的史學理論（structuralist theories of history）所能形成。凡此，足以說明史學不能以現代爲絕對，而睥睨千古。史學的進步，是靠累積的，由累積而創出新史學。待新史學出，舊史學仍時時發揮其功能，爲新史學作資源，於是史學史的研究與撰寫，乃刻不容緩。中外數千年的史學，其演進的情形如何？其內容累積的情形如何？其與歷史的發展，是否相通？其對社會人群，是否發生影響？其創獲的史學思想、史學理論、史學方法，是否豐碩？這一些，雖皆過去，對於現在與將來，都有作用。作深入的研究，與寫成一部體大思精的史學史，是歷史工作者的急務之一。

史學方法上的兩極

宇宙間有兩極，南極北極是兩極，陰與陽是兩極，剛與柔是兩極，強與弱是兩極。推而至於紛紜的人事，兩極迭現，善與惡，美與醜，仁慈與殘暴，和平與戰爭，無一而非遙不可接的兩極。宇宙的祥和，有待兩極的調節；人事的寧息，最需兩極的緩衝。

史學方法上也出現兩極，種種紛爭，自此而起。

史學方法是訓練史學家寫成歷史的一門學問。史學家寫成歷史，必須經過蒐集史料、考證史料、消化史料三個階段，如何蒐集、考證與消化史料呢？是採用科學方法呢？還是採用藝術方法？於是史學方法上的兩極出現了：主張採用科學方法者，認定科學法力無邊，史學家應採用科學的歸納方法，去蒐集史料；應採用科學的實證方法，去考證史料；消化史料時，也要像科學家得公式一樣，不著任何文采，他們認爲爲人類社會上的故事，披上文學的外衣，已非史學家份內之事，就像天文學家不必將群星的故事，予以藝術性的描述一樣。相反的主張採用藝術方法者，認爲歷史是一種祇能靠想像才能成功的藝術，史學家直覺的想像，能透視歷史的眞理；歷史尤其是一種描述性的作品，史學家須將複雜曲折的事實，清楚生動的描述出來，史學家的文采，於是扮演極重要的角色。這兩派之爭，在西方延續一個世紀以上，各走極端，互不相讓。擴而大之，是互爭歷史是科學還是藝術的問題。於是歷史的必然性與偶然性變成爭論的焦點。不同的歷史情勢，經過比較、研究之後，可以得其變化律（the laws of change），由其變化律，可以預測未來事件的發展。這種論調，響徹雲霄。克麗佩脫拉的鼻子（Cleopatra's nose），也在近代的西方，大出風頭。因爲她的鼻子是決定歷史的偶然因素。據說如果她的鼻子短一點，世界的面貌將全非。因爲她的鼻子短一點，安東尼（Mark Antony）就不會喜歡她，安東尼不喜歡她，就不會遭遇到敗績，歷史的發展，也就隨之而變了。歷史的偶然，使歷史的必然，失去可能。偶然以外的例外，也阻礙在歷史上求得不變的定律。例如，當美國總統甘廼第（John F. Kennedy）遇刺以後，很多美國時事評論家很鄭重的下結論說，自從一八四〇年以後，凡〇字爲尾的一年當選爲總統的，皆死於任內。哈瑞森（William Henry Harrison）一八四〇年當選，林肯（Abraham Lincoln）一八六〇年當選，伽菲爾德（James A. Garfield）一八八〇年當選，麥肯利（William McKinley）一九〇〇年當選，哈定（Warren G. Harding）一九二〇年當選，羅斯福（Franklin D. Roosevelt）一九四〇年當選，甘廼第一九六〇年當選。遇〇年當選，非遇狙擊，即因病逝，冥冥中若有安排。但是於一九八〇年當選的雷根（Reagan），卻平安地渡過任內，中了一槍而未死，像是大難不死必有後福的樣子。所以歷史上的例外，使歷史失去了必然性，而無法求得不變的定律。

史學家寫歷史，所寫的是過去，而自己所處的是現在，是就現在而寫過去呢？還是就過去而寫過去呢？這又是史學方法上的兩極了。有人認爲史學家無法寫過去，除非透過現在才能寫過去，以致「所有的歷史都是現代史」，「所有的歷史都是思想史」一類的論調，時時出現。英國輝格黨史學家（the Whig historians），「站在二十世紀的巔峰，根據自己的觀點去創立其歷史的體系」，「站在新教徒與輝格黨員的立場寫歷史，頌揚革命，假設其已臻於成功，強調過去進步的法則，出產爲現在所能批准的故事（如果不是讚美現在的話）」。史學家的現在，完全將過去淹沒了。有的史學家甚至宣判過去已經死亡了（the death of the past），沒有什意義了！相反的是擺脫現在，進入過去，爲過去而過去的另一極端，中外學院派的史學家，史料派的史學家，大多屬於此一極端。畢生沉醉於史料淵海中，對於現在的一切，像是秦人視越人之肥瘠，漠然不加喜戚於其心，世變對他們起不了太大的作用。「穿穴故紙堆中，實事求是」，是其寫照。歷史觀念或歷史意識（historical mindedness or historical conciousness），在他們是甚爲豐富的。這是就過去而寫過去的一個極端，歷史上的眞，大部分因這一極端而保存了。

史學家寫歷史，是應很超然而冷靜的去寫呢？還是應完全投入而熱情奔放的去寫呢？明顯的兩極又現。冷靜（cool）、嚴肅（serious），絕大部分史學家主張寫歷史時應如此；無偏無黨，大公無私（objectivity and impartiality），秉持超然的立場寫歷史，更是大多數史學家的主張。所謂「心情平靜」(calmness of temper)、「思潮平靜」(calmness of mind)、「不動肝火」(free from passion)，所謂「平心察之」，「虛心斟酌」，「虛其心以求之，平其情而論之」，都是這方面的論調。但是歷史上是充滿熱情的，於是有人主張史學家應以浪漫的想像(romantic imagination)、歷史的想像(historical imagination)，投入歷史之中，而與歷史上的熱情相融合了！這就是十九世紀浪漫派的史學了！「設其身以處其地，揣其情以度其變」，「設身於古之時勢，爲己之所躬逢；研慮於古之謀爲，爲己之所身任」，中國史學家也大聲疾呼史學家要設身處地了！

史學家沉浸於一個小範圍之中，在某一時代或某一專門問題上，咀嚼所有有關史料，不憚煩瑣，不辭辛勞，畢生歲月，奉獻於此，這是所謂歷史的細密研究(detailed research)，中外大部分專業史學家(professional historian)，樂此不倦。他們像是置身於一個堡壘之中，工事堅固，外來侵略，不易進入。他們可能已考證出拿破崙一餐吃幾碗飯，一天開幾里路車子，也可能新發現春秋時代多出一個國家，於是載欣載舞地就終其一生了！這是史學方法上的一個極端。另一極端是馳騁在大天地之中，寫通史、寫文化史，想一舉將所有的歷史，都集在自己的筆端。「究天人之際，通古今之變，而成一家之言」，中外的通史學家，都站在此一極端。中國的鄭樵想盡窺天下之書；一隻腳站在過去，一隻腳站在未來的湯恩比(Arnold Toynbee, 1889-1975)在一九七二年寫完其令人望洋興歎的巨著《歷史研究》（*A Study of History*）後也說：「我已盡力窺人類歷史的全貌，從人類的開始，到一九七二年止，而且包舉寰宇。」這與躲在一個小堡壘中，是不是相差十萬八千里的兩極呢？西方專業史學家，差不多都不承認湯恩比是史學家，其中消息，不難窺見。

一人寫史與集體寫史，也是史學方法上的兩極。一人傾畢生精力或一生中一部分時間寫成一部或數部史書，是所謂一人寫史，像陳壽寫《三國志》，歐陽修寫《新五代史》等皆是。集數人或無數人寫成一部或無數部史書，是所謂集體寫史。像司馬光、范祖禹、劉恕、劉攽等修《資治通鑑》以及唐以後歷代官修的正史皆是。主張一人寫史者，認爲「歷史鉅著必須是一家之學，而非集眾專家各出其所長以凝成」；「官修之史，倉卒而成於眾人，不暇擇其材之宜與事之習，是猶招市人而與謀室中之事也。」然而愈到近代，集體寫史的風氣愈盛，十九世紀晚期英國史學家艾克唐（Lord Acton, 1834-1902）主修《劍橋近代史》（*The Cambridge Modern History*）時，聘請天下精英撰寫，被認爲是史學上的一大突破，以致二十世紀以後，集體寫史在西方形成一股潮流，一部歷史著作，分成無數專章，每一專章，從世界各地請一最傑出的專家來擔任，集無數專家之作，最後一部歷史出現。以此而與一人寫史相比較，是相去甚遠的兩極。

溢美與溢惡是兩極；主觀與客觀，相對與絕對是兩極；據事直書與隱惡揚善是兩極；施行道德判斷與將史實中性化是兩極；認爲「歷史屬於描述作品（a form of descriptive writing）」，

「史學家的要務爲描述」，與認爲「解釋是史學家的職務」，「歷史事實微不足道，解釋代表一切」，也是兩極。史學方法上的兩極太多了！

史學方法上時時出現兩極，紛爭遂無已時。消除紛爭的方法，是要採取一種史學態度（historical attitude），一種中庸的史學態度。「不偏執歷史，歷史極爲有用。」史學家不走極端，而採取中庸之道，是最重要的史學態度。這不是和事佬般的將雙方將就一番就算了，而是取其精華，去其偏執，其中斟酌損益，宜費精思。因爲中庸是兼容並蓄，如何斟酌損益，是其關鍵。例如，西方近代史學家每認爲當史學家蒐集史料考證史料的時候，需要用冷靜客觀的科學方法，進入撰寫的階段，則須用富想像力的藝術方法，這是在西方激烈辯論歷史是科學還是藝術之際，所出現的折衷論調。很多人贊成這種論調。細稽之，則覺迂濶不通。史學家無法在某一時期以純科學家姿態出現，另一時期又儼然藝術家，是很明顯的道理。而且史學家在蒐集史料考證史料的時候，時時需要藝術的想像，沒有藝術的想像，史學家無法蒐集與考證史料。一旦執筆撰寫，資料的安排，義例的釐訂，詞彙的選擇，皆須審愼，以符合歷史實況，又非運用科學方法不爲功。所以中庸不完全是折衷，而是摘取精華，態度則是方法的指導。在中庸的史學態度下，才能兼採科學與藝術的史學方法，不走極端，兼有其利而無其害。

史學家站在現在寫過去，想完全拋開現在，進入過去，是怎麼也不可能的事。往往史學家的靈感、動機，自現在來，從現在進入過去，像是一條捷徑。「通古今之變」，中外史學家最想將過去、現在連在一起。所以史學家不必有意的逃避現在，自然也不必一切爲現在。當進入過去以後，要能爲過去而過去，以一窺歷史的眞相。一旦能將過去、現在、未來三者連串起來，那就是了不起的史學家了。

史學家寫歷史，應當冷靜、嚴肅，在大前提上，絕對正確。但是歷史上是充滿熱情的，史學家以浪漫的想像，歷史的想像，與歷史上的熱情相融合，未嘗不能獲得歷史的眞理。所以當史學家深入歷史之中，不可缺少者是共鳴的感情，出於其上，則須冷靜嚴肅，二者固並行而不相悖。史學家像在游泳，能潛入水中，也能浮出水面。寫歷史上某一人物，要深愛其人，變成其人，寫完以後，就不愛其人，不似其人了。一旦寫歷史上另一人物，要深愛另一人，變成另一人。移情別戀，是史學家的常事！有人說嫁給史學家，因爲你愈老他愈愛你。實際上史學家最不專情，這是職業病，無可厚非。史學家所處的是一個忽冷忽熱、變幻莫測的局面，做一輩子的史學家，如不達觀，不跳昆明池，也準得神經病！

史學家寫歷史，不可能完全超然，沒有立場。由某種立場出發，而保持相當程度的超然，就很理想了。如寫及自己國家民族的歷史，有一定限度的愛自己國家民族的立場，也擴充愛自己國家民族的立場，及於其他國家民族，就漸趨於超然。那有中國人寫中國歷史，站在非中國人的立場，怎能將中國歷史寫得眞切？

史學家沉淫於一個小範圍之中，與縱觀天地之大，互不相妨。顯微鏡式（microscopic）的細窺，與望遠鏡式（telescopic）的鳥瞰，在史學上永遠互爲表裡，不可偏廢。傾大部分時間在某一時代或某一專門問題上，細細咀嚼史料，則所知者精確，所見者細微，歷史的深處及其複雜處，賴以抉出。但是史學家有時要勇敢的走出自己的領域之外，以一見世界之大。視野廣濶高遠，才是大史學家之風。於是細密研究與博覽通觀，交相利而不兼相害。

一人寫史與集體寫史，可以並存。一人寫史，能寫出成一家言的鉅著。但是時代久了，史料多了，一人的精力不能應付了，於是集體寫史的方式出現。浩如煙海的史料，由眾人之力處理，且互相切磋，反覆討論，必有事半功倍之效。若集體寫史，兼採一人寫史之長，有一個統領全局的人，就像三軍統帥一樣，訂定體例，釐正史料，潤色文字，則是最理想的寫史方式。

溢美溢惡，皆待中和；主觀客觀，並非水火；相對之外，存在絕對；據事直書，不妨兼採隱惡揚善之筆，文明之史，隱繫於此；敍事與解釋，褒貶與讓史實自明，俱不可廢。所以史學家要有中庸的史學態度，不走極端，中庸爲懷，集眾長於一身，取精華於兩極，史學自此而大，史學家也眞的變成一位雍容大度的人了。

耳聽目明的史學家

頭腦、耳朵、眼睛是身體最重要的部位，尤其是對於史學家而言。三者之中，頭腦居於中樞的地位，史學家的史識，自頭腦源源而來。然而耳朵與眼睛卻是頭腦的輔弼，耳不聽而目不明，頭腦便不清澈，什麼究天人之際、通古今之變的大史識，便都逃逸的無影無踪了。所以現在專門從史學家的耳朵與眼睛談起，尤其多談史學家的眼睛。

「左丘失明，厥有國語。」司馬遷《史記》〈太史公自序〉上的話，像是我們的反證；民國時代有第一史學家之稱的陳寅恪，在失明以後，陸續有學術性的著述問世。目明是不是史學家寫作的絕對條件呢？我們所謂耳聽而目明，不僅是生理上的；聾與盲可能是指一些耳朵不用裝助聽器眼睛不用戴近視鏡的史學家。這是首先要說明的。

歷史所涉及的是往事，有關往事的資料，浩如煙海。史學家要傾其目力，閱讀這些資料。發生時間比較接近史學家的往事，又須勞史學家用耳朵去傾聽及目接其遺跡。耳與目交互作用以後，史學家才能用頭腦寫其歷史。左丘明在失明以前，必然熟讀了百國寶書，然後在失明以後，才能寫出《國語》來；陳寅恪差不多能背誦新舊《唐書》，以致雖然失明，其學術生命不絕。所以耳聰而目明，是史學家的最大本錢。耳聰到能聽到遙遠的聲音，目明到目下十行，日讀萬卷，是最理想的境界。因此，耳聾了，要裝助聽器，眼近視了，或老花了，要配近視眼鏡、老花眼鏡，眼鏡公司永遠是史學家的救星。放大鏡有時對史學家也是很需要的，不過用放大鏡看書，速度太慢，史學家一定要有目下十行、日讀萬卷的目力，不然，如何遍窺浩如煙海的資料？目力不够，祇能看到資料的極少部分，其研究便什麼也不是了！大抵史學家於精讀與速讀之間，速讀扮演更重要的角色。憑敏銳的目力，很快的將有意義的重要的資料捕捉來，然後再用精細的眼光分析，慢慢品嚐，史學研究，大致如此。「雙眸射人」，「目光爛爛如巖下電」，「一身去職如花落，兩眼觀書尙月明」，能如此，是史學家的幸事。

耳與目的發揮，要進一步到達超越時間和空間的境界。能够進入到另外一個時間和空間裡，耳聞其聲音，目見其景像，才是眞正耳聰目明的史學家。英國史學家楊格（G. M. Young, 1882-1959）研究英國維多利亞時代（Victorian Age）的歷史，能聽到這一時代的聲音向他講話；中國史學家全祖望醉心表章明末清初有奇節的人物，致出現「世更百年，宛然如白髮老淚之淋漓目前」的境界。這不是完全虛幻的，目觸文獻資料到某種程度，自不期然出現這種境界。長安的渲騰之聲，臨安的靡靡之音，在目覩盛唐、南宋歷史資料熟爛以後，自忽然而在耳際。看多了拿破崙傳，舉目窗外，像是矮小的拿破崙，穿著破大衣，騎著白馬，奔馳而來，戰鼓聲也隨之而起，這時你也可能隨他而奔馳了！楊格反覆誦讀維多利亞時代的歷史，以致能聽到這一時代的聲音向他講話。全祖望熟於明清之際的文獻，以致世更百年，彷彿白髮老淚的淋漓目前。「生於百世之後，而置身在百世之前。唐虞之揖讓於廷，而君臣咨警，吾目見其事，而耳聞其聲也。南朝牧野之戰，吾親在師中，而面聆其誓誥也。吾又登孔子之堂，承其耳提而面命，而與七十子上下其論也。吾又入左氏太史之室，見其州次部居，發凡起例，含毫而屬思也。以至後世爭戰之禍，賢君相之經營，與夫亂賊小人之情狀，無不歷歷乎在吾之目。」（戴名世《南山集》卷二〈杜溪稿序〉）這種境界，眞正可以出現。所以史學家在長期閱讀資料以後，要掩起卷來，閉起眼睛，暫時不理會什麼科學公式，唯傾聽富有神祕性的語言，像湯恩比（Arnold Toynbee, 1889-1975）所曾做的，是史學家研究歷史的藝術方法之一。多如牛毛的資料纏身，片刻的寧靜，能够解脫。富有神祕性的語言，此時可能是心聲，可能是天籟，可能是歷史女神的呼喚。而且閉著的眼睛，也像是什麼都能看到了。

耳與目的發揮，尤其是目的發揮，再進一步就是鳥瞰，或所謂通觀。史學家不應在幽谷之中，而應置身於世界高峰之上，讓天下之大，宇宙之美，皆在眼簾。一般諷刺史學家見樹不見林，由於史學家未用鳥瞰之故。史學家的工作，從顯微鏡式的檢查始，而必以望遠鏡式的察看終。人類數千年的歷史，是怎樣發展下來的？其大趨勢如何？其治亂興衰的軌迹如何？決定歷史發展的是那一些因素？人類的文明與智慧，累積的情形如何？這一些，皆待史學家從遠處大處觀察，這是史學家的大眼光。歷史不流於支離破碎，而有其完整性與貫通性，全賴於此。那麼史學家這種大眼光，是從史學家的頭腦而來呢？還是從史學家的耳目而來呢？一般可能認爲從頭腦而來，實際上係從耳目而來。史學家的頭腦，有待耳目的培育。因爲史學家能够鳥瞰，其基礎是奠立在博學多聞上的，多多傾聽，多多閱覽，耳目齊下，最後才能鳥瞰。多聞尤其重在多聽別人不同的意見上。剛愎自用，畫地自限，決不是出色的史學家。史學家必須是一位謙謙君子，時時感覺「學之不博，見之不卓」；時時承認「昔日之得，不足以爲矜，後日之成，不容以自限。」於是反覆與其他學者討論，不留餘地的接受批評，變成史學家治史應有的態度。如此既久，心胸自然寬廣了，眼光自然遠大了，自然能勝任鳥瞰歷史的任務了。

博學方面，博覽浩瀚的原始資料以外，尤其要能遍閱前人的研究成果。歷史研究，有如奔騰的江流，前後相擁，波瀾萬千。沒有研究已至止境，後人的研究，不斷代替前人的研究。新陳代謝，生生不已，於是成爲歷史研究的特質。所以史學家不能不遍閱前人研究的成果，以作新研究的起點。歷史研究的免去重複，歷史研究的無窮累積，歷史研究的日臻精密與理想，大半靠史學家知道耗目力在這方面。史學家鑽進自己的研究領域以內，完全不看前人在其領域內所作的研究，一切從頭開始，一切從原始資料看起，這不是狂妄，就是愚昧。智慧與力量無謂的浪費了！歷史研究的新陳代謝、生生不已的特質，完全喪失了！而且再勤奮，看的原始資料再豐富，也逃不掉一個「陋」字，也就是一個「盲」字！研究隋唐史，祇看《隋書》、《新唐書》、《舊唐書》，陳寅恪的《隋唐制度淵源略論稿》、《唐代政治史述論稿》、《元白詩箋證稿》全未看過，甚至連陳寅恪其人也不清楚，那不是盲是什麼？不是陋是什麼？做學問就怕陋，冬烘，三家村先生，毛病都出在陋，陋之極，就自以爲是了！所以不聽別人不同的意見，就是聾，雖然他聽覺好得很；不遍閱前人的研究成果，就是盲，雖然他的眼睛大得很。聾與盲是史學家的大患。有人謂歷史的研究，是智慧的謙虛（intellectually humble），歷史像座高山，其上寒冷而荒涼，史學家的思想在其間所扮演的，像一絲閃爍的光芒，光芒不見了，歷史仍在那裡。聾與盲的史學家，那裡知道這些呢。

耳與目的發揮，其最高峰應是能創造史學家的學術生命了。史學家在早年與中年，利用耳目，創造了學術生命，成了光芒四射的史學家，但是一旦他的光芒四射了，其學術生命往往就要結束了。雖然他可能不斷演講，不斷寫書寫文章，可是講來講去，寫來寫去，超不出以前的那一套。所以不少史學家，祇有一度學術生命。史學家期望有二度以上的學術生命，非充分利用耳目不可。有人祇用頭腦，不知頭腦離開耳目，發揮不出來應有的功能。一定耳朵聽到新的東西，眼睛看到新的東西，頭腦中的新思想，才源源湧出。天下有祇重思想者，像冥想的陸王學派，想來想去，想不出所以然來。

耳與目對於史學家的學術生命，其關係重大如此，世人眞知者少，而耳目有時而窮。耳聾關係猶小，不幸目盲，記憶難恃，就必須借用別人的眼睛了。陳寅恪在目盲以後，能寫出大量的學術著作，除了靠他超人的記憶力以外，主要靠代他查閱資料的助手。蘭克（Leopold von Ranke, 1795-1886）在一八八〇年的春天，宣佈寫一部《世界史》（*Universal History*）的時候，年齡已八十六歲，耳聾目盲，已不能讀，不能寫，當時舉世震驚他的這項宣佈。可是當一八八六年五月他謝世的時候，已寫到第七本，其偉大的計畫，差不多全部完成了。這像似奇蹟，奇蹟的形成，出於兩位秘書的耳目。沒有兩位秘書的耳目，大史學家蘭克是什麼也寫不出來的。所以作爲中樞的頭腦，非有耳目的輔弼不可。借用別人的耳目，是不得已的權變之計。

一人的耳目有限，進一步須借用眾人的耳目，於是集體寫史，應運而出。中國自唐以後的官修正史，流弊雖多，但這是集眾人耳目而寫成的，有其客觀處。英國劍橋大學出版的《劍橋近代史》（*The Cambridge Modern History*），享譽世界，由於它是集體創作。司馬光少了劉恕、劉攽、范祖禹等傑出史學家的協助，能否寫出體大思精的《通鑑》，應是疑問。資料眾多，傳說紛紜，一人的雙耳雙目，不敷應用，所以須集眾耳眾目，徧覽博聞，以求折衷。史學上極爲珍貴的參伍錯綜以求其是的方法，非集眾人之力，難以做到理想。所以歷史研究的潮流，從一人總裁到集體創作，是一種趨勢。眾人各有所見，各有所聞，集眾人圍坐於圓桌，比其異同，論其是非，平情以求，虛心斟酌，客觀研究，無過於此。如果有一人能綜合其成果，寫成有系統有整體的大作品，那眞是史學上的盛事了。

耳與目的發揮，亦有不如預期理想者。道聽而塗說，即是耳聽的大忌之一。道路所聞，小道消息，悉信爲眞，廣爲傳播，耳聽豈勝耳聾？歷史上的離奇故事，莫須有事件，皆由此形成。古代希臘史學家在傾聽目擊者的敍述以後，他們一定追問類似這樣的問題：「你確信你的記憶爲眞？你現在說的與昨天說的是否互相矛盾？你如何將你所述事件與其他人絕不相同的敍述協調一致？」如此審查目擊者的報告，才是眞正耳聽的史學家。

目不清正，也是目盲。目光勢利，祇仰觀大人物，祇寫帝王將相的歷史，完全不將一些有眞性情眞貢獻而聲名並不顯赫的人物放在眼裡，這是目不正，雖目光閃射，而與目盲無異。目光不清，模糊隱約，也是目盲。英國史學家福魯德（J.A. Froude, 1818-1894）曾遊一小城，城名愛戴雷特（Adelaide），爲澳洲屬土，他記載說：「吾所見者，平原當前，一河界之，此十五萬居民之小城，其中無一人之心中曾蓄有片刻之紛擾，但有寧靜無慾，每日三餐而已。」但徵諸實際，此愛戴雷特城，乃建於山嶺間的高地，無任何河流界之，其人口不超過七萬五千人；且當福氏往遊時，方困於饑饉。福氏才華卓越，並完全認識考據的價值，他甚至於是英國第一位根據未刊與已刊的原始文獻以從事歷史研究的人，而錯誤如此，這除了他患有「不確實之病」以外，應歸咎於他的目光不清，模糊隱約，致所見遂非眞相了！

史學家的耳與目，輔助於史學家有如上述。如果史學家目光清正，耳不惑於所聽，充分發揮耳目聰明的作用，且進一步進到歷史的時間、空間裡去，耳聞歷史的潮流聲，目見歷史發展的大景象，耳聰目明，至此臻於化境。

邵晉涵之史學

清代浙東學者，以黃宗羲、萬斯同、全祖望、邵晉涵、章學誠最負盛名。黃宗羲生値易代之際，天移地轉，濱於十死❶，乃融悲憤、節義於學術之中，以理學之體，發爲經世之史學。所著《明儒學案》、《元儒學案》、《宋儒學案》❷，爲學術思想史之鉅製；所輯《南雷文約》、《南雷文案》、《南雷文定》，爲以碑傳代史傳，有俾於史事之缺文❸；「徘徊家國存亡之故，執筆泫然」❹。「家國之恨，集於筆端，不覺失聲痛哭，棲鳥驚起，後之覽者，亦將有感於斯文」

❶ 黃宗羲《南雷文案》外卷〈壽徐蘭生七十序〉云：「余以危葉銜風，濱於十死。」
❷ 黃宗羲寫《宋儒學案》、《元儒學案》（一稱《宋元學案》）未成，由其子黃百家及雍乾間之全祖望續補，稱《宋元學案》。
❸ 參見《南雷文案》凡例。
❹ 《南雷文約》卷一〈文淵閣大學士吏兵二部尙書謚文靖公墓誌銘〉。

❺。其悲憤眞摯之情，後人可以想像；「後之君子，其考信於斯文」❻。「太史遯荒，石渠蕭瑟，茫茫來者，誰稽故實，藉此銘章，有如皎日」❼。其存史之志願，千古可以共鑑。於是自南宋以來綿延發展數百年之浙東史學，至清初而驟放新異彩❽。繼黃氏之後，首傳浙東史學者爲萬斯同。萬氏爲黃氏高弟，酷嗜史學，慨然以保存有明三百年之歷史爲己任，自康熙十八年（一六七九年）迄於康熙四十一年（一七〇二年）謝世，二十餘年間，以布衣參史局，「弱妻病子，啼號破屋」❾而不顧，號稱精審之《明史》，其修成萬氏居功最偉❿。萬氏又碩學淹貫，所補《歷

---

❺《南雷文定前集》卷一〇〈明司馬澹若張公傳〉。

❻《南雷文約》卷一〈大學士機山錢公神道碑銘〉。

❼《南雷文案》卷三〈旌表節孝馮母鄭太安人墓誌銘〉。

❽浙東地區，北宋時代，已興起講學風氣。慶歷五先生並起講學於仁宗時代，此時濂、洛、關、閩諸學派，尚未興起。宋室南渡以後，浙東學風益盛，浙東史學派亦於此時出現。永嘉之周行己、鄭伯熊，及金華之呂祖謙、陳亮，創浙東永嘉、金華兩派之史學。厥後王應麟、胡三省等皆浙東之大史學家。元明兩世，浙東史學稍趨衰微，而其統不絕。至清代而浙東史學達於鼎盛。說見何炳松《浙東學派溯源》（商務，民國二十一年）、《通史新義》（商務，民國十七年）下編第十一章；陳訓慈〈清代浙東之史學〉（《史學雜誌》二卷五、六期，民國十九年十二月）；杜維運〈黃宗羲與清代浙東史學派之興起〉（《故宮文獻季刊》二卷三、四期，民國六十年六、九月）。

❾鄭梁：《寒村詩文選》卷一〈送萬季野之京序〉。

❿乾隆四年（一七三九年）張廷玉於〈上明史表〉云：「惟舊臣王鴻緖之史稿，經名人三十載之用心。」錢大昕於〈萬先生斯同傳〉則明白揭示云：「乾隆初，大學士張公廷玉等奉詔刊定明史，以王公鴻緖史稿爲本而增損之。王氏稿大半出先生手也。」

代史表》，爲純學術性之大著；所辨群書之疑，隱現精湛之考據方法，浙東史學得萬氏而光彩益爛⑪。全祖望生值雍乾之際，上繼黃、萬之學⑫，既殫力以續成《宋元學案》矣，復以貞摯之情，激動之筆，畢生表章氣節，發明幽隱，以盛世之民，述亡國之痛，刀鋸鼎鑊之誅，若有所弗睹，所著《鮚埼亭集》、《鮚埼亭集外編》，迄今讀之，猶令人淚下。然則自清初迄於雍乾之際，浙東史學之特色，可得而知也。自理學而史學；自貞摯之情，發而爲終身寫史、終身表章氣節之史學偉業；文獻繫焉，博雅寓焉。吳任臣與黃宗羲書云：「虞山既逝，文獻有歸，當今舍先生其誰！」⑬可知黃氏一身繫文獻之存亡。萬斯同熟於明代掌故，少館於某氏，其家有列朝實錄，默識暗誦，未嘗有一言一事之遺，長遊四方，就故家長老求遺書，考問往事，旁及郡志、邑乘、雜家誌傳之文，靡不網羅參伍⑭，則萬氏掌握之文獻，其豐富爲何如？全祖望以熟於鄉邦文獻，名重一時。趙一清謂全氏曰：「微吾丈莫悉諸老軼事也。」⑮范沖一至杭州，見全氏喀血甚

⑪ 參見拙文〈萬斯同之史學〉（載於《第二屆國際華學研究會議論文集》，民國八十年十一月）。

⑫ 劉師培於〈全祖望傳〉（《國粹學報》第十一期，署名劉光漢，即劉師培）云：「浙東學派承南雷黃氏之傳，雜治經史百家，不復執一廢百。鄞縣萬氏承之，學益昌大。若祖望之學，殆亦由萬氏而私淑南雷者歟？」

⑬ 《南雷文定》附錄。

⑭ 參見劉坊〈萬季野先生行狀〉（載於萬斯同《南雷石園文集》前）。

⑮ 《鮚埼亭集》卷一二〈應潛齋先生神道碑〉。

厲，愀然曰：「方今東南文獻之寄在先生，而比年稍覺就衰，願深自調護，勿過勞以傷生。」⑯全氏所繫文獻之絕續又如此。黃、萬、全三氏，又皆博雅。黃氏精於理學、史學以外，天文、地理、金石、算數之學無不精。萬氏精於禮，爲其博學之明證。全氏之學，亦博雅無涯涘。然則章學誠謂：「浙東貴專家，浙西尚博雅」⑰，又甯爲通論哉！寖假至乾嘉之際，由顧炎武所開創之樸學風氣大盛，舉國學者，群趨於「記誦名數，搜剔遺逸，排纂門類，考訂異同」⑱，其極乃至衍爲一種「破碎之學」⑲。然浙東史學之統不絕。以眞摯之情，抒宗國之思，若黃、萬、全三氏所致力者，自不復顯見⑳。而浙東學者之眞摯之情不失，其爲文獻所繫而學問博雅依然，其醉心

⑯ 同上卷二二〈范沖一穿中柱文〉。

⑰ 《文史通義》〈浙東學術〉篇云：「世推顧亭林氏爲開國儒宗，然自是浙西之學。不知同時有黃梨洲氏，生於浙東，雖與顧氏並峙，而上宗王劉，下開二萬，較之顧氏，源遠而流長矣。顧氏宗朱，而黃氏宗陸，蓋非講學專家，各持門戶之見者，故互相推服，而不相非詆。學者不可無宗主，而必不可有門戶。故浙東浙西，道並行而不悖也。浙東貴專家，浙西尚博雅，各因其習而習也。」章學誠此段議論，甚爲精闢。然必謂浙東之學祇貴專家，不尚博雅，亦非也。

⑱ 《章氏遺書》卷二九外集二〈又與正甫論文〉。

⑲ 曾國藩於〈朱愼甫遺書序〉一文云：「嘉道之際，學者承乾隆季年之流風，襲爲一種破碎之學，辨物析名，梳文櫛字，刺經典一二字，解說或至數千萬言，繁稱雜引，遊衍而不得所歸。」

⑳ 章學誠宗國之思，於論及明季史事時，略可見之。《章氏遺書》中如〈徐漢官學士傳〉、〈章格菴遺書目錄序〉等篇，皆可徵其猶有宗國之思。邵晉涵聞蕺山、南雷諸先生緒論，於明季黨禍緣起，奄寺亂政，及唐王、魯王本末，從容談論，往往出於正史之外（見錢大昕《潛研堂文集》卷四三〈日講起居注官翰林院侍講學士邵君墓誌銘〉）。故國之思，黍離之痛，亦隱然可見。惟皆以時代關係，難以明顯發揮。

寫史而期於成一家之言者亦然，精神傾向於史學思想、史學理論、史學方法之發揮，則爲浙東史學之新猷也。證之章學誠而不爽，質之邵晉涵亦若是。論章氏者多矣，今自邵氏而詳言之。

邵晉涵，字與桐，號二雲，又號南江，浙江餘姚人。生於清乾隆八年（一七四三年）。少多病，左目微眚，清贏如不勝衣，而獨善讀書，數行俱下，寒暑舟車，未嘗頃刻輟業。於四部七錄，無不探究。乾隆三十年（一七六五年）舉於鄉，乾隆三十六年（一七七一年）成進士，由文淵閣校理進直閣事，預修《三通》、《八旗通志》及國史。乾隆三十八年（一七七三年）開四庫全書館，詔入館中充纂修官，特授翰林院庶吉士。當時著名學者如戴震、周永年、余集、楊昌霖等同入館編校，譽傳士林，有「五徵君」之號。逾年，授職編修。乾隆五十六年（一七九一年），御試翰詹，名列二等，擢左春坊左中允，遷侍講，轉補侍讀，歷左庶子，翰林院侍講學士、日講起居注官，皆兼文淵閣校理。並歷充咸安宮總裁，《萬壽盛典》、《八旗通志》、國史館與三通館之纂修官。由於邵氏體弱多病，而諸館朝入暮出，相當辛勞，以致積勞成疾，於嘉慶元年（一七九六年）溘然長逝，享年五十四歲。此邵氏一生之概略也㉑。

㉑ 邵晉涵之生平，主要參考錢大昕《潛研堂文集》卷四三〈日講起居注官翰林院侍講學士邵君墓誌銘〉，章學誠《章氏遺書》卷一八〈邵與桐別傳〉，江藩《漢學師承記》卷六〈邵晉涵傳〉，洪亮吉《卷施閣文甲集》卷九〈邵學士家傳〉以及《國朝耆獻類徵初編》卷一三〇〈詞臣〉十六，黃雲眉《清邵二雲先生晉涵年譜》。

初步觀察邵氏一生，其出身在浙東，而自乾隆三十六年通籍以後之二十餘年中，任職皆在京師，四庫全書館尤爲其學術發揮之重地。「方四庫徵書，遺籍秘册，薈萃都下，學士侈於聞見之富，別爲風氣，講求史學，非馬端臨氏之所爲整齊類比，即王伯厚氏之所爲考逸搜遺」㉒。邵氏未有不受此風氣影響者。其所與共事者，如戴震等，又皆爲樸學大師。然則邵氏似在樸學洪流之中，可能全神致力於整齊類比、考逸搜遺之史學工作，而與浙東史學，若不相涉焉。然細稽邵氏生平及其學術造詣，則邵氏與章學誠實同爲浙東學派之後勁，其史學與章氏相頡頏，以眞摯之情，寫一家之史，以敏銳之見，發揮史學思想，史學理論，史學方法之精蘊，而又一身繫文獻之安危，所受樸學之影響，適足以激勵其學，而未能轉移其學。此有待發覆之大問題也。

(一)自邵氏與浙東史學派之關係而言之

錢大昕於所作邵氏墓誌銘中云：

君生長浙東，習聞蕺山、南雷諸先生緒論，於明季朋黨，奄寺亂政，及唐魯二王起兵本

㉒〈邵與桐別傳〉。

未，口講手畫，往往出于正史之外。自君謝世，而南江文獻無可徵矣。㉓

章學誠於所作邵氏別傳中云：

南宋以來，浙東儒哲，講性命者，多攻史學，歷有師承。宋明兩朝紀載，皆稿藿於浙東，史館取為衷據，其間文獻之徵，所見所聞所傳聞者，容有中原耆宿不克與聞者矣。邵君先世多講學，至君從祖廷采，善古文辭，著《思復堂文集》，發明姚江之學，與勝國遺聞軼事經緯，成一家言，蔚然大家。……君之於學，無所不通。……尤長於史，自其家傳鄉習，聞見迥異於人。㉔

王昶於所作邵氏墓表中云：

浙東自明中葉王陽明先生以道學顯，而功業風義兼之；劉念台先生以忠直著，大節凜然；及其弟子黃梨洲先生覃研經術，精通理數，而尤博洽於文辭。君生於其鄉，宗仰三先生，

㉓〈日講起居注官翰林院侍講學士邵君墓誌銘〉。

㉔〈邵與桐別傳〉。

用為私淑，故性情質直貞亮，而經經緯史，涉獵百家，略能誦憶。㉕

錢大昕、章學誠、王昶與邵氏同爲乾嘉時代之學人，且相交甚深。錢氏指出其習聞浙東儒哲劉宗周（蕺山）、黃宗羲（南雷）諸先生之緒論；章氏指出其受浙東學風及家學之影響；王氏指出其私淑鄉前輩王守仁、劉宗周、黃宗羲而得其性情與學問。然則邵氏與浙東史學派之關係，蓋可知矣。自幼浸淫於浙東學風之中，家傳鄉習，鬱積已深，以致一旦處身樸學洪流，而卓然不失其本色。近人謂「章、邵二氏，異軍特起，自致通達，非與黃、全諸氏有何因緣」㉖，又寧爲精當之論哉！

（二）自邵氏與樸學之關係而言之

清代樸學風氣，大盛於乾隆三十八年開四庫全書館以後。章學誠曾愷切言之云：

方四庫徵書，遺籍秘册，薈萃都下，學士侈於聞見之富，別為風氣，講求史學，非馬端臨

㉕《國朝耆獻類徵初編》卷一三〇〈詞臣〉十六。

㉖金毓黻《中國史學史》第九章〈近代史家述略〉。

> 氏之所為整齊類比，即王伯厚氏之所為考逸搜遺，是其研索之苦，襞績之勤，為功良不可少。然觀止矣。至若前人所謂決斷去取，各自成家，無取方圓求備，惟冀有當於春秋經世，庶幾先王之志焉者，則河漢矣。㉗

出生浙東，而置身四庫館之邵氏，其反應爲何若耶？

邵氏亦從事於整齊類比，考逸搜遺之史學工作矣。薛居正奉詔撰修之《舊五代史》，由於歐陽修之《新五代史》出，流傳漸稀。明成祖詔修《永樂大典》，《舊五代史》在輯存之列，惟其體例爲「因韻求字，因字考事」，《舊五代史》遂遭割裂，其本來面目不復見。邵氏既入四庫館，乃從事《舊五代史》之輯佚工作，自《永樂大典》中，輯錄分散各韻之《舊五代史》佚文，得其十之八九，復采《册府元龜》、《太平御覽》、《資治通鑑》、《五代會要》、《契丹國志》、《北夢瑣言》諸書，以補其缺。其字句脫落、音義錯訛處，則據前代徵引該史之書，如《通鑑考異》、《通鑑注》、《太平廣記》、《玉海》、《筆談》、《容齋五筆》、《青緗雜記》、《職官分記》、《錦綉萬花谷》、《藝文類聚》、《記纂淵海》之類，爲之參互校訂。至於「史家所記事蹟，流傳互異，彼此各有錯誤」㉘，則據《新、舊唐書》、《東都事略》、《宋史》、

㉗〈邵與桐別傳〉。

㉘〈《舊五代史》編定凡例〉。

《遼史》、《續通鑑長編》、《五代春秋》、《九國志》、《十國春秋》及宋人說部文集與五代碑碣尚存者，詳爲考核，各加案語，以資辨證。歐史與薛史不合處，亦悉爲辨證，詳加案語，以示折衷㉙。於是沉淪數百年之一代之史，幾盡復舊觀。此一工作，謂之爲考逸搜遺可也，謂之爲整齊類比亦無不可也。而邵氏輯此書時，原注有《永樂大典》卷數，及采補書名卷數，俾讀者於薛史面目仍可據以尋究，而武英殿刊本乃盡刪之，又豈邵氏之意哉！

邵氏亦若樸學家之博雅矣，凡經學，古音韻學，金石學，無所不通，尤精於經學。時人謂「學者唯知先生之經，未知先生之史」㉚，則其在經學上之造詣可知。其於經，尤覃精訓詁，所著《爾雅正義》一書，「功賅而力勤，識淸而裁密」㉛，爲「不朽」㉜之作。其著此書，係有感於邢昺《爾雅疏》之蕪淺，於是傾十年之力以成之。觀其於序文中云：

> 邢氏疏成於宋初，多掇拾《毛詩正義》掩為己說，間采《尚書》、《禮記正義》，復多闕略。……今以郭氏（郭璞，注《爾雅》）為主，無妨兼采諸家，分疏於下。郭注體崇矜

㉙ 以上所言《舊五代史》之輯佚工作，參見〈《舊五代史》編定凡例〉，載於淸乾隆武英殿刊本《舊五代史》前。

㉚ 阮元〈南江邵氏遺書序〉，載於《南江札記》前。

㉛ 《章氏遺書》卷九〈與邵二雲論學〉。

㉜ 同㉛。

慎，義有幽隱，或云未詳。今考齊魯韓詩，馬融鄭康成之易注、書注、以及諸經舊說，會粹群書，尚存梗概。取證雅訓，辭意曉然。其跡涉疑似，仍闕而不論；確有據者，補所未備。附尺壤於崇邱，勉千慮之一得，所以存古義也。郭氏多引《詩》文為證，陋儒不察，遂謂《爾雅》專用釋《詩》。今據《易》、《書》、《周官》、《儀禮》、《春秋傳》、《大小戴記》，與夫周秦諸子，漢人撰著之書，遐稽約取，用與郭注相證明。俾知訓詞近正，原於制字之初，成於明備之世。久而不墜，遠有端緒；六藝之文，曾無隔閡，所以廣古訓也。聲音遞轉，文字日孳。聲近之字，義存乎聲。自隸體變更，韻書割裂，古音漸失，因致古義漸湮。今取聲近之字，旁推交通，申明其說。因是以闡揚古訓，辨識古文。遠可依類以推，近可舉隅而反，所以存古音也。草木蟲魚鳥獸之名，古今異稱；後人輯為專書，詩多皮傅。今就灼知副實者，詳其形狀之殊，辨其沿襲之誤；其未得驗實者，擇善以從舊說，以近古為徵，不敢為億必之說，猶郭氏志也。㉝

博采舊說，會粹群書，以成其書。而又認清「聲近之字，義存乎聲」，因「取聲近之字，旁推交通」，以「闡揚古訓，辨識古文」，此古音韻學知識之運用也，此清乾嘉樸學家治文字、聲

㉝〈《爾雅正義》序〉。

音、訓詁之學者所走之途徑也。並世學者洪亮吉曾以詩譽其書云：

君疏爾雅篇， 訂正五大儒，
使我心上疑， 一日頓掃除。
君師錢少詹（大昕），精識世所無，
吳門及錢塘，復有王（鳴盛）與盧（文弨），
皆言此書傳， 遠勝唐義疏。㉞

樸學大師錢大昕、王鳴盛、盧文弨盛推其書，則邵氏亦在樸學陣營之中矣。值身樸學風氣極盛之時，未有不受風氣之激盪者。而邵氏復能守約㉟，鶩博而不失專家之體㊱，其著《爾雅正義》，自謂「此書苦心，不難博證，而難於別擇之中，能割所愛耳。」而外人竟有病其略者，斯事

㉞ 洪亮吉《卷施閣詩集》卷八〈有入都者偶占五篇寄友〉。

㉟ 章廷楓於章學誠所作〈邵與桐別傳〉後云：「叔父（指章學誠）嘗自謂生平蘊蓄，惟先師（指邵晉涵）知之最深，亦自詡謂能知先師之深與世殊異者三，先師以博洽見稱，而不知其難在能守約，以經訓行世，不知其長乃在史裁，以漢詁推尊，不知宗主乃在宋學。」

㊱ 〈邵與桐別傳〉。

所以難言。」㊲博洽而能約取，正浙東之學貴專家之教也。

（三）自邵氏以真摯之情，寫一家之史而言之

自晚明以來，浙東馳名學者，皆有眞摯之情，稽之劉宗周、黃宗羲、萬斯同、全祖望而皆然，其表現之不屈之節，尤爲顯著。邵氏值盛世，固難現不屈之節矣，而其眞摯之情，仍隨處可見。時人稱其「居家孝友，與人忠信」㊳。「至性過人，……篤於故舊，久要不忘」㊴。其情之眞摯如此。其沛而及於學術，嘉許「辨章同異，持論衷於和平」㊵之文，稱美「和平敦厚大雅之音」㊶。嘗謂「詩之原出于天籟。天懷有獨摯，其詩皆有可傳。惟性情糅雜以塵垢者，縱終身學之無益」㊷。其重述友人之論則云：「文章體格，視其年其遇而變，其不可變者性情也。舍性情而求諸體格，是爲無實之華。學識日充，則性情日以和粹。故善養性情者，又視乎學焉」㊸。其

㊲〈邵與桐別傳〉章貽選注語中引。
㊳〈邵與桐別傳〉。
㊴〈日講起居注官翰林院侍講學士邵君墓誌銘〉。
㊵《南江文鈔》卷四〈周耕厓意林註序〉。
㊶同書同卷〈國朝姚江詩存序〉。
㊷同書同卷〈霍尊彝遺詩序〉。
㊸同書同卷〈槐堂遺集序〉。

論詩文重性情而歸於溫柔敦厚之教者又如此。其寫一家之史，亦自眞摯之情出發。其銳意寫有宋一代之史也，蓋出於情之不能已。章學誠曾語邵氏云：「史學不求家法，則貪奇嗜瑣，但知日務增華，不過千年，將恐天地不足容架閣矣。君撫膺歎絕，欲以斯意刊定前史，自成一家。時議咸謂前史榛蕪，莫甚於元人三史，而措功則宋史尤難，君遂慨然自任。」㊹「撫膺歎絕」，「慨然自任」，皆見其情。其撰寫宋史之情形，據其弟子章貽選云：

先師嘗謂宋史自南渡以後，尤為荒謬。以東都賴有王氏事略故也。故先輯《南都事略》，欲使前後條貫粗具，然後別出心裁，更為趙宋一代全書，其標題不稱宋史，而稱《宋志》，亦見先師有微意焉。然《南都》尚未卒業，而《宋志》亦有草創，皆參差未定稿也。諸家狀志，但稱《南都事略》，當屬傳聞未審。貽選嘗親承其說於先師，其實如此。㊺

時人江藩記其事云：

竹汀先生間論《宋史》紀傳，南渡後不如東都之有法；甯宗以後又不如前三朝之精備。徵

㊹〈邵與桐別傳〉。

㊺〈邵與桐別傳〉章貽選按語。

特事跡不詳，即褒貶亦失其實。君聞而善之，取熊克、李燾、李心傳、陳均、劉時舉所撰之書，及宋人筆記，撰《南都事略》，以續王偁之書，詞簡事增，正史不及也。㊻

章學誠則云：

識者知君筆削成書，必有隨刊疏鑿之功，蔚為藝林鉅觀。詎知竟坐才高嗜博，官程私課，分功固多，晚年日月益促，又體羸善病，人事蹉跎其間，遂致美志不就，淹忽下世。㊼

章氏致邵氏書又云：

足下宋史之願，大車塵冥，恐為之未必遽成。㊽歲月不居，節序川逝。足下京師困於應酬，僕亦江湖疲於奔走。然僕能撰著於車塵馬足之間，足下豈不可伏篋於經摺傳單之際？㊾

㊻ 江藩〈邵晉涵傳〉。按江氏之記述，主要根據錢大昕之說，見錢氏所撰邵氏墓誌銘。
㊼ 〈邵與桐別傳〉。
㊽《章氏遺書》卷九〈與邵二雲論修宋史書〉。
㊾ 同書同卷〈與邵二雲論學〉。

據以上相當直接之記述，可知邵氏曾參用大量資料，撰寫《南都事略》一書，以上續王偁之《東都事略》，並別出心裁，寫有宋一代之全史，名之曰《宋志》。惟邵氏「才高嗜博」，「體羸善病」，「官程和課」分其功，復「京師困於應酬」，致二書均未完成。迄至今日，其書已堙沒於天地之間。此不惟邵氏之不幸，亦史學界之不幸也！

邵氏嘗述其寫宋史之宗旨云：「宋人門戶之習，語錄庸陋之風，誠可鄙也。然其立身制行，出於倫常日用，何可廢耶？士大夫博學工文，雄出當世，而於辭受取與，出處進退之間，不能無簞豆萬鍾之擇，本心既失，其他又何議焉」㊿。此又顯見其對時風之感慨，而仰慕宋人之眞情畢現。傾力以寫宋史，又豈待外鑠耶？

（四）自邵氏以敏銳之見，發揮史學思想、史學理論、史學方法之精蘊方面而言之

長於發揮史學思想、史學理論、史學方法之章學誠，對邵氏極致敬佩之意。彼曾云：

> 與余論史，契合隱微。余著《文史通義》，不無別識獨裁。不知者或相譏議。君每見余

㊿ 邵晉涵告章學誠之語，見〈邵與桐別傳〉。

> 書，輒謂如探其胸中之所欲言；間有乍聞錯愕，俄轉為驚喜者，亦不一而足。以余所知解，視君之學，不啻如稊米之在太倉，而君乃深契如是。古人所稱昌歜之嗜，殆有天性，不可解耶？[51]

迨邵氏下世，章氏慨然曰：

> 嗟乎！皇天生百才士，不能得一史才；生十史才，不能得一史識。有才有識如此，而又不佑其成，若有物忌者然，豈不重可惜哉！[52]

以自視甚高，性情孤傲之章氏，而服膺邵氏如此，服其學淵深，讚其有史才史識，復謂彼此論史，契合隱微，《文史通義》中所論，若探邵氏胸中所欲言，此必有其眞實性，而非誇大之言。《文史通義》〈書教〉後附邵氏之評語云：「紀傳史裁，參仿袁樞，是貌同心異。以之上接《尙書》家言，是貌異心同。是篇所推，於六藝爲支子，於史學爲大宗，於前史爲中流砥柱，於後學爲蠶叢開山。」〈原道〉後邵氏亦評之云：「是篇初出，傳稿京師，同人素愛章氏文者，皆

---

51 〈邵與桐別傳〉。

52 〈邵與桐別傳〉。

不滿意，謂蹈宋人語錄習氣，不免陳腐取憎，與其平日爲文不類，至有移書相規誡者。余諦審之，謂朱少白(名錫庚)曰：『此乃明其《通義》所著一切，創言別論，皆出自然，無矯強耳。語雖渾成，意多精湛，未可議也。』」此爲邵氏激賞《文史通義》之斑斑可考者。邵氏在四庫館中所撰史部書之提要，則其有史識之明證也。如《史記》提要云：

其敍事多本《左氏春秋》，所謂古文也。秦漢以來故事，次第增敍焉。其義則取諸《公羊春秋》，辨文家質家之同異，論定人物，多寓文與而實不與之意，皆公羊氏之法也。遷嘗問《春秋》於董仲舒，仲舒故善公羊之學者，遷能伸明其義例，雖未必盡得聖經之傳，要可見漢人經學，各有師承矣。其文章體例，則參諸《呂氏春秋》，而稍為變通。《呂氏春秋》為十二紀、八覽、六論，此書為十二本紀、十表、八書、三十世家、七十列傳，篇帙之離合，先後不必盡同，要其立綱分目，節次相成，首尾通貫，指歸則一而已。世嘗譏史遷義法背經訓，而稱其文章為創古獨製，豈得為通論哉！53

論一代之史，而窺其思想之淵源，尋其敍事之所本，詳其文章體例之所參稽，此論之極有深

53 邵晉涵《南江文鈔》(四卷本)卷三。

度者也。

〈《後漢書》提要〉云：

> 東漢尚氣節，此書創為〈獨行〉、〈黨錮〉、〈逸民〉三傳，表彰幽隱，搜羅殆盡。然史家多分門類，實濫觴於此。夫史以紀實，綜其人之顛末，是非得失，灼然自見，多立名目奚為乎？名目既分，則士有經緯萬端，不名一節者，斷難以二字之品題，舉其全體，而其人之有隱慝與叢惡者，二字之貶，轉不足以蔽其辜。宋人論史者，不量其事之虛實，而輕言褒貶，又不顧其傳文之美刺，而爭此一二字之名目為升降，輾轉相遁，出入無憑，執簡立爭，腐毫莫斷，胥范氏階之厲也。然范氏所增〈文苑〉、〈列女〉諸傳，諸史相沿，莫能刊削。蓋時風眾勢，日趨於文，而閨門為風教所繫，當備書於簡策，故有創而不廢也。儒林考經傳源流，能補前書所未備，范氏承其祖甯之緒論，深有慨於漢學之興衰，關乎教化，推言終始，三致意焉。豈獨賈逵、鄭康成諸傳，為能闡其微意哉！[54]

揭出「史以紀實」，為史學家最重要之見解，由是而反對「宋人論史者，不量其事之虛實，

---

54 邵晉涵《南江文鈔》（四卷本）卷三。

而輕言褒貶」；由是而不以范曄立傳多分門類爲適當。「名目既分，則士有經緯萬端，不名一節者，斷難以二字之品題，舉其全體，而其人之有隱慝與叢惡者，一字之貶，轉不足以蔽其辜。」故力主「綜其人之顛末」，此中外屹立不搖之史學理論也。以「閨門爲風教所繫，當備書於簡策」，以「漢學之興衰，關乎教化」，由是而稱美范氏之增立〈列女〉等傳，此又其史學家之淑世胸懷也。

〈《魏書》提要〉云：

> 收以修史為世所詬厲，號為「穢史」。今以收傳考之，則當時投詬，或不盡屬公論，千載而下，可以情測也。議者云：「收受爾朱榮子金，故滅其惡。」夫榮之凶悖惡著，而不可掩，收未嘗不書於册。至論云：「若修德義之風，則韓、彭、伊、霍，夫何足數」，反言見意，史家微辭，乃轉以是為美譽，其亦不達於文義矣。又云：「楊愔、高德正勢傾朝野，收遂為其家作傳；其預修國史，得陽休之助，因為休之父固作佳傳。」夫愔之先世為楊椿、楊津，德正之先世為高允、高祐。椿、津之孝友亮節，允之名德，祐之好學，實為魏之聞人。如議者之言，將因其子孫之顯貴，不為椿、津、允、祐立傳，而後快於心乎？《北史》〈楊固傳〉，固以譏切聚斂，為王顯所嫉，因奏固剩請米麥，免固官，從征峽石，李平奇固勇敢，軍中大事，悉與謀之，是固未嘗以貪虐先為李平所彈也。固它事可傳

者甚夥，不因有子休之而始得傳。況崔暹嘗薦收修史矣，而收則列崔暹於酷吏，其不徇私惠如此，而謂得休之助，遂曲筆以報德乎？議者又云：「盧同位至儀同，功業顯著，不為立傳。崔綽位止功曹，本無事跡，乃為首傳。」夫盧同希元乂之旨。多所誅戮，後以乂黨罷官，不得云功業顯著。綽以卑秩見重於高允，稱其道德，固當為傳獨行者所不遺。觀盧斐訴辭，徒以父位儀同，綽僅功曹，較量官秩之崇卑，爭專傳附傳之榮辱（《魏書》初定本，盧同附見〈盧元傳〉、崔綽自有傳，後奉敕更審，同立專傳、綽改入附傳），是烏足與之論史法哉！自崔浩以修史被謗獲禍，後遂釀為風氣，故李庶訴發揚惛，謂魏收合誅。其一時讙訟之狀，猶可槩見。收之得免，幸也。然李延壽以唐臣修《北史》，多見館中墜簡，參校異同，多以收書為據。其為收傳論云：「勒成魏籍，婉而有章，繁而不蕪，志存實錄。」於是「穢史」之謗，可以一雪矣。[55]

不徇眾說，而力辨《魏書》之非「穢史」，此又其能實踐量事之虛實以立論之明證也。

〈《周書》提要〉云：

初劉知幾嘗譏周史擅飾虛辭，都損時事，晁公武遂謂其務清言而非實錄。以今考之，非篤

55 邵晉涵《南江文鈔》（四卷本）卷三。

論也。夫文質因時，紀載從實。良以周代尚文，仿古制言，文章爾雅，載筆者勢不能易彼妍辭，改從俚語。至於敵國詆謗，里巷諺謠，削而不書，史之正體，豈得用是為譏議哉！德棻旁徵簡牘，意在摭實，故〈元偉傳〉後，於元氏戚屬之事跡，湮沒者猶考其名位，連綴附書，深有合于史家闕疑傳信之義。〈庾信傳〉論，仿《宋書》〈謝靈運傳〉之體，推論六義源流，于信獨致微辭，蓋見當世競宗徐庾，有意于矯時之弊者，亦可見其不專尚虛辭矣。書雖殘缺，而義例之善，有非《北史》所能掩者，豈徒取其文體之工哉！56

推許《周書》義例之善，嘉其「敵國詆謗，里巷諺謠，削而不書」，得「正史之體」，復以「周代尚文，仿古制言，文章爾雅，載筆者勢不能易彼妍辭，改從俚語」，從而得出「文質因時，紀載從實」之史學理論，此邵氏在史學上之大見解也。

〈《舊唐書》提要〉云：

唐人重史事，溫大雅、令狐德棻、姚思廉、吳兢、徐堅，並善於其職。劉知幾復為申明義例。至韋述等排纂成書，當時稱其事簡記詳，為譙周、陳壽之流。其討論之功，固已勤矣。《舊書》善於相因，唐中葉以前，本於舊史者居多。本紀則惟書大事於年月，如《史

---

56 邵晉涵《南江文鈔》(四卷本)卷三。

通》所譏「雜載臣下，兼言它事，巨細畢書，洪織備錄」者無有也。列傳敍次簡質，曲盡事勢，如《史通》所譏「輕事塵點，曲加粉飾，虛引古事，妄足庸言」者無有也。尋其條例，庶幾能承六朝以來之史法。……長慶以後，史失其官，敍次無法，而昫等襲其舊文，莫能刊正。帝紀則詩話、書序、婚狀、獄詞，委悉具書，語多支蔓。列傳則多敍官資，曾無事實，或但載寵遇，不見首尾。較韋述等所修舊史，截然高下，不可並論矣。57

〈《新唐書》提要〉云：

《新唐書》二百二十五卷，宋歐陽修、宋祁撰，曾公亮表進其事，謂其事則增於前，其文則省於舊。語似誇詡。陳振孫又謂事增文省，正《新書》之失。以今考之，皆不明史法者也。夫後人重修前史，使不省其文，則累幅難盡；使不增其事，又何取乎重修？故事增文省，自班固至李延壽，莫不皆然。不得以此為誇詡，亦不得轉以此為詆諆。《新書》之失，在增所不當增，省所不當省爾。夫唐大誥、唐六典，為一代典章所係。今紀傳既盡去制誥之辭，而諸志又不能囊括六典之制度，徒剌取巵言小說，以為新奇，於史例奚當乎？

57 邵晉涵《南江文鈔》（四卷本）卷三。

> 芟除字句，或至失其本事，不獨文義之蹇躓也。然自吳縝為《新書》糾繆，學者師其餘論，吹毛索疵，莫不以《新書》為詬厲，甚至引幽怪之書，無稽之説，證《新書》為失實，是豈足以服修祁之心哉！平情論之，《新書》刪定舊史，廢傳六十一篇，……此刪併之善也。新添傳三百一十篇，〈后妃傳〉增載郭賢妃、王賢妃，創業功臣傳增載史大奈，韓門弟子增載皇甫湜、賈島，〈忠義傳〉增載雷萬春、南霽雲，〈循史傳〉增載韋丹、何易于，〈儒學傳〉增載張齊賢、啖助，〈文藝傳〉增載呂向、張旭，〈方技傳〉增載邢和璞、羅思遠，〈列女傳〉增載高愍女、楊烈婦，此搜羅遺佚，而有裨於舊史者也。且舊史於咸通以後，紀傳疏略，《新書》則於韓偓、納忠、高仁厚之平賊，與夫雷滿、趙匡凝、楊行密、李罕之之僭割，具書於傳，一代興廢之蹟備焉。豈得謂其無補於舊史歟？……使修、祁修史時，能溯累代史官相傳之法，討論其是非，決擇其輕重，載事務實，而不輕褒貶，立言扶質，而不尚撏撦，何至為後世譏議，謂史法之敗壞，自《新書》始哉！[58]

自《舊唐書》之取材，以論《舊唐書》之得失，已深具史學家之法眼；論《新唐書》，嘉其刪併之善，增傳之多，而不滿其紀傳盡去制誥之辭，為平情之論；至謂修史之際，當「討論其是

---

[58] 邵晉涵《南江文鈔》（四卷本）卷三。

非，決擇其輕重，載事務實，而不輕褒貶，立言扶質，而不尚撏撦」，則千古不可易之史學良法也。

〈《五代史記》提要〉云：

> 夫史家以網羅放失為事。……修則不然。取舊史任意芟除，不顧其發言次第，而於舊史之外，所取資者，王禹偁之《闕文》，陶岳之《史補》，路振之《九國志》三書而已。所恨於修者，取材之不富也。修與尹洙同學古文，法《春秋》之嚴謹，洙撰《五代春秋》，雖行文過隘，而大事不遺。修所撰帝紀，較《五代春秋》已為詳悉矣，然於外蕃之朝貢必書，而於十國之事，俱不書於帝紀，豈十國之或奉朝貢，或通使命者，而反不得同域外之觀乎？所恨於修者，書法之不審也。法度之損益，累代相承。五代雖干戈相繼，而制度典章，上沿唐而下開宋者，要不可沒。修極譏五代文章之陋，祇述司天、職方二考，而於禮樂、職官、食貨之沿革，削而不書，考古者茫然於五代之成跡。即〈職方考〉於十國之建置，亦多疏漏。所恨於修者，掌故之不備也。舊史但據實錄排纂事蹟，無波瀾意度之可觀。而修則筆墨排騁，推論興亡之跡，故讀之感慨有餘情，此其所由掩舊史而出其上歟？[59]

---

59 邵晉涵《南江文鈔》（四卷本）卷三。

嚴厲批評歐陽修著《新五代史》，取材之不富，書法之不審，掌故之不備，亦推崇其筆墨排騁，推論興亡之跡，此史學家客觀之論也。倡言「史家以網羅放失爲事」，深識「法度之損益，累代相承。」「五代雖干戈相繼，而制度典章，上沿唐而下開宋者，要不可沒。」此觸及史學上之眞理也。

綜合邵氏所作《史記》、《後漢書》、《魏書》、《周書》、《舊唐書》、《新唐書》、《五代史記》七部史書之提要，可知邵氏史識之高，史學造詣之深，舉凡史學思想，史學理論，史學方法之大者，皆淋漓以發揮之。「史以紀實」、「文質因時，紀載從實」、「載事務實，而不輕褒貶，立言扶質，而不尙撏撦」，其史學理論之重大者，亦其史學思想之精華也。「史家以網羅放失爲事」，修史之際，「討論其是非，決擇其輕重」，「筆墨排騁，推論興亡之跡」，復著眼於風教，則其史學方法之謹嚴而寬廣者也。自史書之取材，自史學家之學術思想淵源，以定一代史書之優劣，又其評論史書所獨具之法眼也。

邵氏在四庫館中所作之史部書提要，正史中除《三國志》、《舊五代史》以外，皆出其手。此外又作《史記集解》、《史記正義》、《兩朝綱目備要》、《通鑑前編》、《通鑑綱目前編》諸書之提要。惟與現行之《四庫全書總目提要》相比較，內容文句，頗多殊異。大凡邵氏博辨處皆保留，而議論發揮處，則多遭刪削。如上文所引及者，除爲《魏書》辨護者尙部分保留外，其他皆不見影蹤矣。於此亦可窺乾嘉學風之消息焉。

以敏銳之見，發揮史學思想、史學理論、史學方法之精蘊，邵氏與章學誠蓋深相契合焉。二人識見相若，而邵氏以博辨勝[60]，章氏以理趣勝，而惜乎邵氏未能以類似《文史通義》之書傳世也！

結　語

章學誠既盛讚邵氏之有史才、史識矣，錢大昕則云：

> 自四庫館開，而士大夫始重經史之學。言經學則推戴吉士震，言史學則推君。君於國史，當在儒林，文苑之列，朝野無間言。[61]

阮元亦云：

[60] 邵晉涵博學，凡發議論，皆博徵實據，不涉虛誕。錢大昕稱其著述，「皆實事求是」（見〈日講起居注官翰林院侍講學士邵君墓誌銘〉），誠然。

[61] 〈日講起居注官翰林院侍講學士邵君墓誌銘〉。

餘姚翰林學士邵二雲先生，以醇和廉介之性，為沉博邃精之學，經學史學，並冠一時，久為海內共推。62

及其卒，王昶描述其在當時所引起之震撼云：

學士邵君之卒也，卿大夫相與悼于朝，汲古通經、博聞宏覽之儒相與慟于野，而大臣之領國史者，迄今猶咨嗟太息，重惜其亡。63

邵氏之經學、史學為時人推重如此。一旦長逝，時人之哀痛，出於至誠64。其何以致此哉？側身四庫館，迴翔清署，二十餘年，天下宗仰，其致高名固宜。其學淹博，與樸學家相契合，而亦重專門著述，不悖浙東史學之教。學林盛稱之，又豈偶然？「以醇和廉介之性，為沉博

62 阮元〈南江邵氏遺書序〉。
63 《國朝耆獻類徵初編》卷一三〇〈詞臣〉一六。
64 維運寫《趙翼傳》，流覽乾嘉時代文集、詩集近兩百種，凡遇寫及邵晉涵者，無不敬佩其人及其學。惜當時未將此類資料輯存耳。

邃精之學」，宜乎朝野之重惜其亡也！然邵氏所遺留之著述有限，與其聲名甚不相符。體羸善病，中壽而逝，又才高嗜博，官程私課分其功，京師應酬勞其形，其學術成績，又寧能豐碩？章學誠能「撰著於車塵馬足之間」[65]，以其鬱鬱不得志也。邵氏得意當時，又豈能「伏簏於經摺傳單之際」[66]哉！[67]

---

[65] 〈與邵二雲論學〉。

[66] 〈與邵二雲論學〉。

[67] 近人基於表章之意，寫及邵晉涵之生平與學術者，約有：
黃雲眉《清邵二雲先生晉涵年譜》（商務，民國二十一年初版）、
陳訓慈〈清代浙東之史學〉（《史學雜誌》第二卷第六期，民國十九年十二月）。
倉修良〈邵晉涵史學概述〉（《史學史研究》，一九八二年第三期）。
南炳文〈邵晉涵〉（載於《中國史學家評傳》下冊，中州古籍出版社，一九八五年初版）。
張舜徽《清儒學記》〈浙東學記〉第六。

韓國史家用中文寫的一部史書

——標題音註《東國史略》

在世界史學叢林中，最先發展與最早成熟的中國史學，在東亞尤其扮演著最重要的角色；日本、韓國、越南的史學，皆受到中國史學的深刻影響❶。以韓國而言，除了模倣中國設立史官以外，史書的體裁，盡倣中國，如十二世紀金富軾修成的《三國史記》、十五世紀鄭麟趾奉命修成的《高麗史》，係倣中國的紀傳體；十三世紀僧一然修成的《三國遺事》、十五世紀徐居正奉命修成的《東國通鑑》，係倣中國的編年體；倣通鑑綱目者，有洪汝阿的《東國通鑑提綱》、兪棨的《麗史提綱》、林象德的《東史會綱》、安定福的《東史綱目》；其他倣紀事本末體者，倣政書者，比比皆是；而春秋的書法褒貶，尤其支配了韓國史學界，較之中國，猶有過之。「禮失而求諸野」，用在這裡應當是最為適當不過了。

❶ 參見朱雲影〈中國史學對於日韓越的影響〉一文，《大陸雜誌》卷三四，第九、十、十一期，民國五十一年五至六月。

標題音註《東國史略》是十六世紀韓國的史學產品，編寫者柳希齡(一四八〇——一五五二)，他從前朝鮮時代檀君之立敍述起，迄於高麗時代止，所述史實極爲簡略，史實之上，皆有數字的標題，疑難處有音註，而大量置史論於相關史實之後，爲其最大特色。如史臣曰、卞季良曰、權近曰、金富軾曰、李詹曰、李齊賢曰、崔沖曰、金莘夫曰、林完庇曰、李仁老曰、兪升旦曰、金良鏡曰、權敬中曰、任翊曰、許應麟曰、元松壽曰、鄭道傳曰、河崙曰等，舉目遍是。所引李齊賢曰者八處，金富軾曰者二十三處，權近曰者三十九處，史臣曰者一百四十五處，史臣某某曰者九處❷。可見其重視史論之一斑。此等史論，極富中國史學的色彩。引中國史實以作議論的發端，屢見不鮮。如論及類利納松氏爲妃云：

按魯文公娶在三年之外，春秋猶譏其喪未畢而圖婚，況在期年之內而納妃乎？類利之罪，不待貶絕而自明矣。❸

論及太祖王禪位於其弟云：

---

❷ 根據書前之表所作的初步統計。

❸ 卷一權近曰，頁五五。

昔宋桓公不立其子與夷，而立其弟繆公，小不忍亂大謀，以致累世之亂。故春秋大居正。今太祖王輕大位以授不仁之弟，禍及一忠臣二愛子，可勝嘆哉！❹

論及故國川王聘處士乙巴素爲國相云：

古先哲王之於賢者也，立之無方，用之不惑，若殷高宗之傅說，蜀先主之孔明，秦符堅之王猛，然後賢在位，能在職，政教休明，而國家可保。今王決然獨斷拔巴素於海濱，不撓衆口，置之百官之上，而又賞其舉者，可謂得先王之法矣。❺

論及新羅始祖弔馬韓之喪云：

古之為師，不伐喪。伐喪，不仁也。昔滕昭公卒之三月，宋圍滕，春秋貶而稱人。晉士匄帥師侵齊，至穀，聞齊侯卒乃還，春秋備書褒之。今始祖棄前日之憤，矜鄰國之恤，非惟不伐，遣使弔之，所謂怨不棄義，怒不廢禮，其用心可謂寬且仁矣。大抵創業之主，子孫

❹卷一金富軾曰，頁五九。
❺卷一金富軾曰，頁六〇。

之所當法也。後嗣之忠厚相傳，維持千百年之久者，豈非今日貽謀之善耶？❻

論及賢臣金庾信之卒云：

唐李絳對憲宗曰：「遠邪佞，進忠直，與大臣言，敬而信，無使小人參焉；與賢者遊，親而禮，無使不肖預焉。」誠哉斯言也。實為君之要道也。故書曰：「任賢勿貳，去邪勿疑。」觀夫新羅之待庾信也，親近而無間，委任而不二，謀行言聽，不使怨乎不以，可謂得六五童蒙之吉，故庾信得以行其志，與上國協謀，合三土為一家，能以功名終焉。雖有乙支文德之智略，張保皐之義勇，微中國之書，則泯滅而無聞。若庾信則鄉人稱頌之至今不忘，士大夫知之可也。至於蒭童牧豎，亦能知之，則其為人也，必有以異於人矣。❼

論及高麗肅宗明孝王云：

以漢高祖知人之明，每謂惠帝柔仁，而趙王如意似我，屢欲易太子。而不知代王之終為太

❻ 卷三史臣曰，頁九四。

❼ 卷三金富軾曰，頁一一六。

平天子，封之邊郡。然代王免呂氏之禍，以無寵也。唐太宗之賢，而不克定嗣，卒用昏童，乃使凶牝，啄其「子」殆盡，尤可嘆矣。兩漢四百年臨天下者，皆孝文之裔也。唐三百年，自中睿迄昭哀，亦大帝之後也。用此觀之，天也，非人也。我文考十九子，而以再興宗國，期肅宗於髫齔之年，而肅宗由藩侯紹大統，智以定亂，仁以底平，有子若孫，克明克類，繼繼繩繩，以至于今四百餘年，斯豈非天乎？雖然，傳曰：「知子莫如父。」其文考之謂乎？❽

此等引中國史實以作議論發端的例子，在此書網羅到的二百四十六條史論❾中，約占十之六七，可見韓國史學所受中國史學影響之鉅。

以儒家倫理，春秋書法褒貶之義，寓於史論之中，尤為最大特色。如論及高句麗臣荅夫弒君立君事件云：

君臣之分，猶天壤然，弒逆之賊，無彼此一也。故春秋之法，國君有為弒逆者所立，而不能討其賊，則是亦與聞乎故，而不免首惡之名矣。今荅夫弒遂成而立伯固，伯固初適于

---

❽ 卷六李齊賢曰，頁一六二。

❾ 初步統計。

野，未嘗與聞乎故，然徒知立己之為有德，而不思弒君之為當討，反寵任之，以為國相，是舉國君臣，皆為弒逆之黨，三綱淪，而人紀滅矣。若使伯固能伸大義，不賞私勞，以明弒逆之罪而誅之，則三綱復正，人紀復立，而亂賊懼，雖漢文之戮丁公，叔孫婼之逐豎牛，不足多矣。惜伯固之不能也。⑩

再如高句麗之于氏，以王后身分，與國王之弟延優私通，國王死，于氏立延優，史臣極論之曰：

〈衛風〉之墻茨桑中，鶉奔偕老諸詩，何為而作也？曰，刺宣姜也。何為而刺之？曰，宣公卒，宣姜通於庶子頑，淫穢狎褻，蕩無禮義，人道絕矣，衛人鄙之，反覆譏刺，而不已也。今于氏之罪，浮於宣姜者五：王薨曾未屬纊，無哀戚哭泣之色，旋起淫亂之心，秘不發喪，罪一也。古者婦人，傅姆不在，宵不下堂，況以王后之尊，乘夜獨奔，不自遠嫌，罪二也。與延優飲酒食肉，得肆奸淫，瀆亂天常，罪三也。發岐居長當立，以私愛立延優，罪四也。以一身再為國母，頑淫無恥，罪五也。唐武氏曾事太宗，楊妃已配壽王，而高宗明皇，先起聚麀之心，新臺之念，武氏楊妃，雖不得無罪，猶末減耳。今于氏以陰先

⑩ 卷一權近曰，頁五九。

陽，以婦乘夫，亂男女之別，逆陰陽之道，拂天地之紀，曾鶉鵲之不如也。況負此五罪，穢行惡德，又豈宣姜、楊、武而止耶？⓫

論及高句麗王談德伐百濟云：

昔晉襄公墨衰即戎，以敗秦師，春秋譏之。高句麗王伊連薨，未踰三月，其子談德率軍伐百濟，敗之，其忘哀而不忌也甚矣。夫有門庭之寇，而宗廟社稷之存亡繫焉，不得已而從金革之事，可也。今百濟之兵，未有加於麗境，談德方在衰絰之中，乃敢舍己之喪，遽然興師，以伐人國，是有人子哀痛之心者哉！⓬

論及新羅王忘殺父之仇嫁女於倭奴云：

春秋之法，父母之讎，不共戴天。今王，于老之子，于老嘗見殺於倭奴，則王之於倭奴，有不共之讎。包羞忍恥，匿怨忘親，輕以許嫁，何耶？魯莊之於齊襄，有父之讎，方居苫

⓫ 卷一史臣曰，頁六二

⓬ 卷一權近曰，頁六七。

塊，無時焉可通也。而當其身，棄怨釋仇，或主婚，或盟，或會，或狩，大失子道，故春秋備書于策，詳加譏貶，以著忘親之罪。今王雖欲辭魯莊之罪，得乎？嗚呼！夫差夷狄之君也，猶不忘越王之殺其父，出入警省，終必報復而後乃已。今王非特春秋之罪人，抑亦夫差之罪人歟？⑬

論及契丹伐高麗，執弒君立君之康肇而誅之一事云：

按綱目，契丹伐高麗，執康肇誅之。周氏發明曰，聲罪致討曰伐，正其典刑曰誅。契丹夷狄，曷為予之？春秋之法，亂臣賊子，人人得而誅之。康肇弒君，大惡也。王詢自立，大逆也。君不君，臣不臣，三綱絕矣。高麗不能討悖逆之臣，天子不能行吊伐之典，亂臣賊子，何以懲究？契丹興有名之師，討叛亂之賊，故書伐書誅以予之。予在夷狄，則罪在中國矣。綱目急於討賊之意，其嚴矣。⑭

論及弒逆之武臣兼修國史云：

---

⑬ 卷三史臣曰，頁一〇〇—一〇一。

⑭ 卷五，愚按，頁一四八—一四九。「愚按」為此書作者柳希齡的評語。

史官，公萬世之是非，所以垂勸戒於後世。故齊崔杼之弒莊公也，太史兄弟三人，相踵就戮，而書者不止。今弒逆之儔，將逃惡名，自兼國史，而欲滅其跡，不知滔天罪惡，欲蓋而彌彰，不亦愚乎？⑮

強調「春秋之法，亂臣賊子，人人得而誅之」、「春秋之法，父母之讎，不共戴天」。而居喪用兵，無人子哀痛之心者則貶之；淫穢猥褻，蕩無禮義之婦女則斥之。則其所受中國儒家倫理思想的影響可知；其執著中國春秋書法褒貶之義亦可知。「史官，公萬世之是非」，其論之積極，似乎較中國猶勝一籌了。

大抵此書的作者，深受朱子《通鑑綱目》的影響，以致他自己用「愚按」發揮議論的時候，每引《通鑑綱目》⑯，同時也廣採發揮春秋書法褒貶的史論。朱子之學，大行於韓國；春秋史學，於是在韓國也不脛而走了。

此書「愚按」及所引史論的文字，較之中國班、馬以下的論贊，其爾雅明暢，自嫌不如。贊

---

⑮ 卷八史臣曰，頁一九七。

⑯ 「愚按」凡見近二十次，如頁五〇、五一、七三、七五、一〇五、一〇七、一二九、一四八、一五〇、一五六、一六二、一六七、一九四、二一六、二一七、二四八，皆有「愚按」，引及《通鑑綱目》者數處。

的部分，尤爲不類。如卷六史臣贊曰：

睿宗天資明哲，勵精求治，歆慕華風，信用宗旦，知用兵之難，棄怨修好，使鄰境感慕來服，開設學校，教養生員，日與文臣講論六經，欲以禮樂成俗，故韓安仁曰，十七年事業，可以貽厥後世，信哉。

卷十二史臣贊曰：

當禑盜據王位，是時已無王氏矣。歷十有六年之久，禑淫酗肆虐，昌又昏弱，天不使狂狡之童，奸穢名器，待有德而畀之，其意昭然，忠臣義士，必欲求王氏之後而立之，於是恭讓王不離軒席之上，起而登寶位，王氏之祀，既絕而復續，王氏之國，既亡而復興，是宜推誠勳賢，納忠容諫，相與共圖惟新之治也，奈何惟姻婭挾撼之訴，婦寺徇私之請，是聽是信，踈忌元勳，陷害忠良，政事悖亂，人心自離，天命自去，使王氏五百年之宗社，不祀忽諸，悲夫！

這實際上仍然是論，不是贊。反觀范曄贊漢明帝曰：「顯宗丕承，業業兢兢。危心恭德，政察姦勝。備章朝物，省薄墳陵。永懷廢典，下身遵道。登臺觀雲，臨雍拜老。懋惟帝績，增光文考。」⑰兩者相比較，應是大有一段距離了。

此書根據的資料，愈是較古的部分，愈多出自中國的史書。如《史記》、《漢書》、《後漢書》、《晉書》以及《說苑》、《穆天子傳》等，屢被徵引。如敍及箕子云：

> 周武王克商，箕子率中國五千人避地朝鮮，……教民以禮義田蠶織作，為民設禁八條；相殺以當時償殺，相傷以穀償，相盜沒入為其家奴婢，欲自贖人五十萬，雖免為民，俗猶羞之，嫁娶無所售，是以其民終不相盜，無門戶之閉，婦人貞信不淫。辟其田野都邑，飲食以籩豆，有仁賢之化。（出《漢書》）

按此出自《漢書．地理志》，與原文相比較，大致相符合。原文「其田民飲食以籩豆」，改寫為「辟其田野都邑，飲食以籩豆」，則有妄增之嫌。

再如引及箕子〈麥秀〉之詩云：

> 箕子朝周，過故殷墟，咸生禾黍，欲哭則不可，欲泣為近婦人，乃作歌以詠之，歌曰：麥

---

⑰《後漢書》〈明帝紀〉。

秀漸漸兮，禾黍油油，彼狡童兮，不與我好仇。（出《史記》）

按此出自《史記·宋微子世家》，「不與我好仇」的「仇」字，係「兮」字之誤。

史論部分，徵引中國的史實，出入較大。如卷十史臣曰：

為人君父，而不通春秋之義，必陷於首惡之名。為人臣子，而不通春秋之義，必陷於誅死之罪。⑱

按此出《史記·太史公自序》，原文云：

為人君父而不通於春秋之義者，必蒙首惡之名。為人臣子而不通於春秋之義者，必陷簒弒之誅，死罪之名。

兩者相比較，不但原文的暢達不見了，「誅死之罪」，也不如「簒弒之誅，死罪之名」清晰。

---

⑱ 頁二二〇。

又如卷一愚按云：

> 范曄曰：箕子違衰殷之運，避地朝鮮，施八條之約，使人知禁，邑無淫盜，門不夜扃，柔謹為風，道義存焉。省簡教條，而用信義，其得聖賢作法之原矣。⑲

按《後漢書・東夷列傳》論曰：

> 昔箕子違衰殷之運，避地朝鮮。始其國俗未有聞也，及施八條之約，使人知禁，遂乃邑無淫盜，門不夜扃，回頑薄之俗，就寬略之法，行數百千年，故東夷通以柔謹為風，異乎三方者也。苟政之所暢，則道義存焉。仲尼懷憤，以為九夷可居。或疑其陋。子曰：「君子居之，何陋之有！」亦徒有以焉爾。其後遂通接商賈，漸交上國。而燕人衛滿擾雜其風，於是從而澆異焉。《老子》曰：「法令滋章，盜賊多有。」若箕子之省簡文條而用信義，其得聖賢作法之原矣！

兩者相比較，一含糊，一明晰，而文字的氣象，也完全不同了。

---

⑲ 頁五〇。

民風與國運

（一）

《左傳》上敍述吳公子札聘魯觀樂云：

吳公子札來聘，……請觀於周樂。使工為之歌〈周南〉、〈召南〉，曰：「美哉！始基之矣，猶未也，然勤而不怨矣。」為之歌〈邶〉、〈鄘〉、〈衛〉，曰：「美哉！淵乎！憂而不困者也。吾聞衛康叔、武公之德如是。是其衛風乎？」為之歌〈王〉，曰：「美哉！思而不懼，其周之東乎？」為之歌〈鄭〉，曰：「美哉！其細已甚，民弗堪也。是其先亡乎？」為之歌〈齊〉，曰：「美哉！泱泱乎！大風也哉！表東海者，其大公乎？國未可量也。」為之歌〈豳〉，曰：「美哉！蕩乎？樂而不淫，其周公之東乎？」為之歌〈秦〉，曰：「此之謂夏聲。夫能夏則大，大之至也，其周之舊乎？」為之歌〈魏〉，曰：「美哉！渢渢乎！大而婉，險而易行，以德輔此，則明主也。」為之歌〈唐〉，曰：「思深哉！其有陶唐氏之遺民乎？不然，何憂之遠也？非令德之後，誰能若是？」為之歌〈陳〉，曰：「國無主，其能久乎？」自〈鄶〉以下無譏焉。❶

這是應為後世激賞的知音之論。博學的吳公子札，從音樂之聲，推衍出一套國家興衰存亡的結論。齊、秦的昌大，鄭、陳的先亡，皆自樂聲中測出。齊樂泱泱大風，國未可量；秦樂為夏聲，能夏則大，秦不可測；鄭樂細甚，先亡之兆；陳樂紊亂（從樂聲中聽出國無主，可見其紊亂），國豈能久？從樂聲論定國運，立論玄微，而細察其關鍵，則在於民風。樂聲是民風的表現，樂聲泱泱，大之極至，民風自浩浩瀚瀚，齊、秦國勢，所以不可限量；樂聲細微，則民風不振，樂聲紊亂，則民風惶惶，鄭、陳所以亡不旋踵。從樂聲測出民風，從民風論定國運，玄微的立論，千古遂為絕唱。

春秋時代吳公子札的立論如此，兩千年後，明末清初的學者，則從歷史的發展，倡出發人深省的人心風俗論。如王夫之云：

❶ 《左傳》魯襄公二十九年。

天下之風俗，波流簧鼓，而不可遏，國家之勢，乃如大隄之決，不終旦潰以無餘。❷

戰國之爭，逮乎秦項，凡數百年，至漢初而始定。三國之爭，逮乎隋末，凡數百年，至唐初而始定。安史之亂，延乎五代，凡百餘年，至太平興國而始定。靖康之禍，延乎蒙古，凡二百餘年，至洪武而始定。其間非無暫息之日，若可以定者。然而支蔓不絕，旋踵復興，非但上有暴君，國有姦雄，抑亦人心風俗，一動而不可猝靜，虔矯習成，殺機易發，上欲撲之而不可撲也。❸

再如顧炎武云：

漢自孝武表章六經之後，師儒雖盛，而大義未明，故新莽居攝，頌德獻符者徧於天下。光武有鑒於此，故尊崇節義，敦厲名實，所舉用者，莫非經明行修之人，而風俗為之一變。至其末造，朝政昏濁，國事日非，而黨錮之流，獨行之輩，依仁蹈義，舍命不渝，風雨如晦，鷄鳴不已。三代以下，風俗之美，無尚於東京者。故范曄之論，以為桓靈之間，君道秕僻，朝綱日陵，國隙屢啟，故自中智以下靡不審其崩離，而權強之臣，息其闚盜之謀，

❷《讀通鑑論》卷五。
❸同書卷一一。

豪俊之夫，屈於鄙生之義（〈儒林傳論〉），所以傾而未顛，決而未潰，皆仁人君子心力之為（〈左雄傳論〉）。可謂知言者矣。❹

宋自仁宗在位四十餘年，雖所用或非其人，而風俗醇厚，好尚端方。論世之士，謂之君子道長。及神宗朝荆公秉政，驟獎趨媚之徒，深鋤異己之輩，鄧綰、李定、舒亶、蹇序辰、王子韶諸奸，一時擢用，而士大夫有十鑽之目。干進之流，乘機抵隙。馴至紹聖、崇寧而黨禍大起，國事日非，膏肓之疾，遂不可治。後之人但言其農田水利、青苗、保甲諸法為百姓害，而不知其移人心變士習為朝廷之害。其害於百姓者，可以一旦而更，而其害於朝廷者，歷數千百年滔滔之勢，一往而不可返矣！❺

「人心風俗，一動而不可猝靜」，「天下之風俗，波流簧鼓，而不可遏」，人心風俗動盪之時，國勢如大隄之決，天下無寧靜之日。「移人心，變士習」，「其害於朝廷者，歷數千百年滔滔之勢，一往而不可遏。」醇美的風俗，則能使國勢傾而未顛，決而未潰。如此立論，與吳公子札的知音之論，有若合符節處。人心風俗，有滔滔之勢，其動盪時，勢不可遏，國勢隨之而潰；其醇美時，國家賴以維持。所以東漢風俗醇美，雖桓靈之間，君道粃僻，朝綱日陵，國隙屢啟，

❹ 原抄本《日知錄》卷一七〈兩漢風俗〉條。
❺ 同書同卷〈宋世風俗〉條。

而國家未傾；北宋人心士習既壞，乃膺膏肓之疾，不可救治。以人心風俗繫乎國家興亡，天下治亂，其立論的警闢，與吳公子札從樂聲論定國運，前後若相呼應。

所謂人心風俗，範圍甚廣，上自士大夫的風尚，下至廣大群眾的習氣，無不包括，而統言之，即所謂民風。「桓、靈之間，主荒政謬，國命委於閹寺，士子羞與爲伍，故匹夫抗憤，處士橫議，遂乃激揚名聲，互相題拂，品覈公卿，裁量執政，婞直之風，於斯行矣。」❻東漢末年書生的清議，是所謂民風。「中山地薄人眾，猶有沙丘紂淫地餘民，民俗懁急，仰機利而食，丈夫相聚遊戲，悲歌忼慨，起則相隨椎剽，休則掘冢作巧姦治，多美物，爲倡優。女子則鼓鳴瑟，跕屣，游媚貴富，入後宮，徧諸侯。」❼一地的民俗如此，更是所謂民風。所以王夫之、顧炎武的人心風俗論，換言之，是民風論。民風關係國運，人心風俗邪正，乃爲國家興衰存亡的關鍵。

（二）

唐自太宗貞觀初年至玄宗開元、天寶之際（自貞觀元年至天寶十四年，共一百二十九年，西元六二七年至七五五年），是極盛之世。新舊《唐書》記載其盛況云：

❻《後漢書》〈黨錮列傳〉。
❼《史記》〈貨殖列傳〉。

海內富實，斗米之價，錢十三，青齊間斗纔三錢，絹一匹，錢二百。道路列肆，具酒食以待行人。店有驛驢，行千里不持尺兵。❽垂髫之倪，皆知禮讓。戴白之老，不識兵戈。虜不敢乘月犯邊，士不敢彎弓報怨。康哉之頌，溢於八紘。❾

詩人杜甫則直接回憶云：

憶昔開元全盛日，小邑猶藏萬家室。
稻米流脂粟米白，公私倉廩俱豐實。
九州道路無豺虎，遠行不勞吉日出。
齊紈魯縞車班班，男耕女桑不相失。
宮中聖人奏雲門，天下朋友皆膠漆。
百餘年間未災變，叔孫禮樂蕭何律。❿

❽《新唐書》〈食貨志〉於天寶五載下如此云。
❾《舊唐書》〈玄宗本紀〉。
❿《杜少陵集》卷一三〈憶昔〉詩。

米價低廉，倉廩豐實，百餘年間，未有災變，天下的富庶、太平，令人欣羨。道路列肆，具酒食以待行人，行千里不持尺兵，垂髫之倪，皆知禮讓，天下朋友，皆如膠漆，則說明當時民風的醇美。盛唐之盛，武功之外，民風之美，應是最值稱道了。

天寶之亂以後，唐代由盛轉衰，民風亦驟變。王夫之曾描述唐代河北藩鎮的民風云：

河北者，自黃帝誅蚩尤以來，堯舜禹敷文教以薰陶之，遂為諸夏之冠冕。垂之數千年，而遺風泯矣。永嘉之亂，司馬氏不能撫有，委之羯胡者百餘年。至唐而稍戢。乃未久而玄宗失御，進軋犖山之凶狡，使為牧帥，淫威以脅之，私恩以啗之，披堅執銳，競彊爭勝以習之，怒馬重裘，割生飲湩，以改易其嗜欲，而熒眩其耳目，於是乎人之不獸也無幾。故田承嗣、薛嵩、李寶臣之流，非有雄武機巧之足以抗天下，而唐之君臣，目睨之而不能動搖其毫髮，非諸叛臣之能也，河北之驕兵悍民，氣燄已成，而不可撲也。師道（李師道）死，惡足以懲之？宏正（田宏正）、承元（王承元）之順命，惡足以化之？其復起而樂為盜賊，必然之勢也。垂及於石敬瑭，而引契丹以入，欣奉之為君親。金元相襲，凶悍相師，日月不耀。凡數百年，而數千里之區，士民無清醒之氣。凡背君父，戴夷盜，結宮闈，事奄宦，爭權利，誇武號者，皆其相尚以雄，恬不知恥之習也。⓫

⓫《讀通鑑論》卷二六。

爲諸夏冠冕的河北地區，陵夷至唐玄宗晚期，爲藩鎭所割據，兇狡之徒，作其牧帥，兵驕民悍，氣燄薰灼。垂及金、元時代，凶悍相師，日月不耀，「凡數百年，而數千里之區，士民無淸醒之氣」。其民風如此，以致背君父、戴夷盜、結宮闈、事奄宦、爭權利、誇武犺的恬不知恥之習，便成爲時尚了！衰唐河北地區的民風如此，其他地區的民風可知。於是一個「干戈賊亂之世」⑫，便接著出現了。

盛唐的民風醇美，衰唐的民風凶悍，唐之盛衰，由此盡現。

（三）

民風的醇美，非一朝一夕所能形成。長時期的禮樂陶冶，教化感召，法律範圍，然後「垂髫之倪，皆知禮讓」的醇美境界，才能出現。唐自太宗時代起，百餘年間，提倡禮樂，推行教化，若汲汲不及。唐律又是秦律以來最整齊最合理的法律。唐代的禮樂、教化、法律如此⑬，以致盛世出現，以致醇美的風俗形成。「叔孫禮樂蕭何律」，詩人杜甫的詩句，完全披露了歷史的眞

⑫《新五代史》〈晉家人傳〉。

⑬其詳見於《貞觀政要》、《唐六典》、《唐律疏義》及新舊《唐書》，茲不多贅。

相。

教化對民風的功用，人人能知。爲近人所輕視的禮樂，其關係於民風，則待進一步闡明。班固於《漢書》〈禮樂志〉云：

六經之道同歸，而禮樂之用為急。治身者斯須忘禮，則暴嫚入之矣；為國者一朝失禮，則荒亂及之矣。人函天地陰陽之氣，有喜怒哀樂之情，天稟其性而不能節也，聖人能為之節而不能絕也，故象天地而制禮樂，所以通神明，立人倫，正情性，節萬事者也。人性有男女之情，妒忌之別，為制婚姻之禮；有交接長幼之序，為制鄉飲之禮；有哀死思遠之情，為制喪祭之禮；有尊尊敬上之心，為制朝覲之禮。哀有哭踊之節，樂有歌舞之容，正人足以副其誠，邪人足以防其失。故婚姻之禮廢，則夫婦之道苦，而淫辟之罪多；鄉飲之禮廢，則長幼之序亂，而爭鬥之獄蕃；喪祭之禮廢，則骨肉之恩薄，而背死忘先者眾；朝聘之禮廢，則君臣之位失，而侵陵之漸起。故孔子曰：「安上治民，莫善於禮；移風易俗，莫善於樂。」禮節民心，樂和民聲，政以行之，刑以防之。禮樂政刑，四達而不悖，則王道備矣。樂以治內而為同，禮以修外而為異。同則和親，異則畏敬；和親則無怨，畏敬則不爭，揖讓而天下治者，禮樂之謂也。

這一番議論，將禮樂關係於人心風俗者，亦即關係於民風者，清晰道出。禮樂「通神明，立人倫，正情性，節萬事」，「禮節民心，樂和民聲」，揖讓而天下治，由於禮樂。所以「婚姻之禮廢，則夫婦之道苦，而淫辟之罪多；鄉飲之禮廢，則長幼之序亂，而爭鬥之獄蕃；喪祭之禮廢，則骨肉之恩薄，而背死忘先者眾；朝聘之禮廢，則君臣之位失，而侵陵之漸起」，禮失而風俗敗壞如此，而「移風易俗，莫善於樂」，樂又須與禮配合，二者之用，於是不可緩。「禮失樂微，風凋俗敝」⑭，「禮壞樂崩，人神殲殄」⑮，「民之生，……喜怒哀樂之情，好得惡失之性，不學而能，不知所以然而然者也。……故聖人以五聲和其性，以八音節其流，而謂之樂，故能移風易俗，平心正體焉」⑯，「聖人造樂，導迎和氣，惡情屏退，善心興起」⑰，「樂行而倫清，耳目聰明，血氣和平，移風易俗，天下皆寧」⑱。自班固以後，有關發揮禮樂的理論，無不愷切痛陳禮樂關係人心風俗。警世之論，極值注視。

禮樂教化所以正人心，易風俗，民風的醇美，端賴於此，而有時不足，又須以法律範圍之。班固所謂「政以行之，刑以防之」，意在於此。法律不得已而施用，由於人性邪惡（人之善性與

---

⑭《隋書》〈禮儀志〉。
⑮《魏書》〈禮志〉。
⑯《宋書》〈樂志〉。
⑰《隋書》〈音樂志〉。
⑱同書〈儒林傳〉何妥上表之言。

惡性相參），不如此，不足以消弭邪惡之行。如歷史上的酷吏，「未閑道德，實懷殘忍，賊人肌體，同諸木石，輕人性命，甚於芻狗」⑲，禮樂教化，對此類獸性之人，有什麼作用？所以「蜀守馮當暴挫，廣漢李貞擅磔人，東郡彌僕鋸項，天水駱璧推減，河東褚廣妄殺，京兆無忌、馮翊殷周蝮鷙，水衡閻奉朴擊賣請」⑳，此類殘暴之行，司馬遷在〈酷吏列傳〉上，都不屑於去細述了！「所愛者，撓法活之；所憎者，曲法滅之。所居郡，必夷其豪」㉑。一意孤行，暴戾恣睢，原是酷吏之性。「傳屬縣囚，會論府上，流血數里」㉒，酷吏之酷，有似「屠伯」㉓。隋代的酷吏王文同，巡察河北諸郡，「見沙門齋戒菜食者，以爲妖妄，皆收繫獄。比至河間，召諸郡官人，小有遲違者，輒皆覆面於地而箠殺之。求沙門相聚講論，及長老共爲佛會者數百人，文同以爲聚結惑眾，盡斬之。又悉裸僧尼，驗有淫狀非童男女者數千人，復將殺之，郡中士女，號哭於路」㉔。殘酷如此，駭人聽聞，非繩之以法，又焉能抑制之?!再如歷史上的暴君，尤其盡現人性的邪惡。以後魏爲例，「後魏起北方，專以刑殺爲政令。自猗盧爲代王，即嚴刑峻法，諸部人多

⑲ 同書〈酷吏傳〉史臣曰。
⑳ 《史記》〈酷吏列傳〉。
㉑ 《漢書》〈酷吏傳〉言周陽治郡的情況。
㉒ 同書同傳，言嚴延年治郡的情況。
㉓ 同上。
㉔ 《隋書》〈酷吏傳〉。

以違令得罪。凡後期者，舉部戮之。或有宗室相携，悉赴死所。或問所往，曰，當就誅戮。其威嚴如此。道武帝以秦王觚使於燕，爲所害，及克中山，收害觚者傅高霸、程同等，皆夷五族，以大刄挫殺之。其討劉衛辰，收其子弟宗黨，無少長五千餘人，盡戮死。末年，每朝臣至前，追其舊惡，輒殺之。其餘或以顏色動變，或以喘息不調，或以行動乖節，或以言詞失措，皆以爲懷惡在心，變見於外，乃手自毆擊，死者皆陳天安殿前」㉕。顏色動變，喘息不調，行步乖節，言詞失措，即疑其懷惡在心，而手自毆擊之，暴君之性，其惡如此，千古爲之一歎！中外類似後魏道武帝的暴君，更僕不可勝述。明末清初的學者黃宗羲於〈原君〉一文中，曾極論君之爲害於天下云：「凡天下之無地而得安寧者，爲君也。是以其未得之也，屠毒天下之肝腦，離散天下之子女，以博我一人之產業，曾不慘然，曰：『我固爲子孫創業也。』其既得之也，敲剝天下之骨髓，離散天下之子女，以奉我一人之淫樂，視爲當然，曰：『此我產業之花息也。』然則爲天下之大害者，君而已矣」㉖。君主而爲暴君，即爲害天下，即盡現人性的邪惡。暴君如此，酷吏如彼，擴而充之，非吏而酷，非君而暴者，滔滔者天下皆是也！非以法律範圍之，民風安得而醇美，天下安得而安寧？近代流行民主政治，必以法治作基礎，其中消息，可以窺見。

宋神宗熙寧初年，王安石創行新法，蘇軾上書云：「國家之所以存亡者，在道德之淺深，不

㉕ 趙翼《廿二史劄記》卷一四〈後魏刑殺太過〉條。魏收於《魏書》中述之尤詳，今不具引。

㉖ 黃宗羲《明夷待訪錄》。

在乎強與弱；曆數之所以長短者，在風俗之薄厚，不在乎富與貧。人主知此，則知所輕重矣。故臣願陛下務崇道德而厚風俗，不願陛下急於有功而貪富強。愛惜風俗，如護元氣。聖人非不知深刻之法，可以齊眾，勇悍之夫，可以集事，忠厚近於迂闊，老成初苦遲鈍，然終不肯以彼易此者，知其所得者小，而所喪大也」㉗。這是一段極爲精采的言論，將國家的存亡，曆數的長短，歸之於道德的淺深，風俗的薄厚，於是盛倡「崇道德而厚風俗」，民風的醇美，於此得到道德的基礎，禮樂法律，退居次要。爲近人棄之若敝屣的道德，其關係民風與國運如此，有識之士，於此不能不知所深思了。

所謂道德，其淺深與教化的推行相關，教化推行成功，道德自然深厚。隋代名臣蘇綽曾論教化云：「夫化者，貴能扇之以淳風，浸之以太和，被之以道德，示之以樸素。使百姓亹亹，中遷於善，邪僞之心，嗜慾之性，潛以消化，而不知其所以然，此之謂化也。然後教之以孝悌，使民慈愛；教之以仁順，使民和睦；教之以禮義，使民敬讓。慈愛則不遺其親，和睦則無怨於人，敬讓則不競於物。三者既備，則王道成矣。此之謂教也。先王之所以移風易俗，還淳反素，垂拱而治天下以至太平者，莫不由此。此之謂要道也」㉘。教民以孝悌、仁順、禮義，三者都是道德；由孝悌而慈愛，由仁順而和睦，由禮義而敬讓，民風趨於醇美。化民於不知不覺之中，使民邪僞

㉗《宋史》〈蘇軾傳〉。

㉘《隋書》〈蘇綽傳〉。

之心，嗜欲之性，潛移默化，是教化的極高境界。教化爲道德的培育，而非流於純知識的灌輸，民風的醇美繫焉，人類的文明在焉。

（四）

「天下無不可變之風俗」㉙。民風可以轉變，是一彰明較著的事實。中國的民風，到五代而不可收拾。歐陽修感慨這是一個「君君臣臣父父子子之道乖，而宗廟、朝廷、人鬼皆失其序」的「亂世」㉚，尤其是一個「禮樂崩壞，三綱五常之道絕，而先王之制度文章掃地而盡於是」的「干戈賊亂之世」㉛。像馮道歷事五朝、八姓、十三君，若逆旅之視過客，朝爲仇敵，暮爲君臣，易面變辭，曾無愧怍㉜，而人人羡之，比之於孔子，呼之曰長樂老，當時人廉恥觀念淡薄如此。然到宋代，民風驟變。顧炎武曾論之云：

《宋史》言，士大夫忠義之氣，至於五季變化殆盡。宋之初興，范質、王溥猶有餘憾。藝

㉙ 原抄本《日知錄》卷一七〈宋世風俗〉條。
㉚ 《新五代史》卷〈唐廢帝家人傳〉。
㉛ 同書〈晉家人傳〉。
㉜ 司馬光於《通鑑》卷二九一後周紀太祖顯德六年下如此描述馮道。

袒首哀韓通，次表衛融，以示意嚮。眞、仁之世，田錫、王禹偁、范仲淹、歐陽修、唐介諸賢，以直言讜論倡於朝。於是中外縉紳知以名節為高，廉恥相尚，盡去五季之陋。故靖康之變，志士投袂起而勤王，臨難不屈，所在有之。及宋之亡，忠節相望。㉝

從忠義之氣殆盡，到中外縉紳知以名節爲高，廉恥相尚，國亡之日，臨難不屈，忠節相望，這是民風的極大轉變。「哀、平之可以變而爲東京，五代之可以變而爲宋」㉞，民風的可變如此。

再如唐代的奢侈民風，到宋代而變：

唐之亂，賄賂充塞於天下為之耳。凡三百餘年，自盧懷慎、張九齡、裴休而外，唐之能飾簠簋以自立於金帛之外者無有，雖賢者固不能保其潔清，特以未敗露而不章，實固不可亞也。……蓋唐自立國以來，競為奢侈，以衣裘僕馬亭榭歌舞相尚，而形之歌詩論記者，誇大言之，而不以為怍。韓愈氏自詡以知堯舜孔孟之傳者，而戚戚送窮，淫詞不忌，則人心士氣，概可知矣。迨及白馬之禍，凡錦衣珂馬傳觴挾妓之習，熸焉銷盡。繼以五代之凋

㉝同㉙。
㉞同上。

殘，延及有宋，羶風已息。故雖有病國之臣，不但王介甫之清介自矜，務遠金銀之氣，即如王欽若、丁謂、呂夷甫、章惇、邢恕之姦，亦終不若李林甫、元載、王涯之狼籍，且不若姚崇、張說、韋皋、李德裕之豪華。其或毒民而病國者，又但以名位爭衡，而非寵賂官邪之害。此風氣之一變也。㉟

從奢侈成風，以衣裘僕馬亭榭歌舞相尚，到士大夫清介自矜，務遠金銀之氣，這是唐宋民風絕大不同處。其所以轉變如此，又是禮樂、教化、法律的功績了。

（五）

所謂民風，具有多樣性。國運亦隨民風的不同，而宛轉委靡，未有底止。泱泱民風，能使國大；蓬勃民風，能使國強；民風低沉，則國勢不振；民風微弱，則國家將亡；民風蠻悍，暴戾恣睢，則國雖存而猶亡；民風醇美，雍容典雅，則國雖亡而永存。「孔子恂恂，道化洙、泗，孟軻皇皇，誨誘無倦，是以仁義之聲，于今猶存，禮讓之風，千載未泯」㊱。經過孔子、孟子道化的

㉟《讀通鑑論》卷二六。
㊱《宋書》〈禮志〉。

洙、泗，仁義之聲，禮讓之風，千載不絕，則洙、泗雖亡而猶存。再若古代的希臘城邦雅典，早已淪亡，而活在世人心中者數千年，則以其民風的醇美。「我們的政治生活是自由而公開的，我們彼此間的日常生活也是這樣的。當我們隔壁鄰人為所欲為的時候，我們不至於因此而生氣；我們也不會因此而給他以難看的顏色，以傷他的情感，儘管這種顏色對他沒有實際的損害。在我們私人生活中，我們是自由的和寬恕的；但是在公家的事務中，我們遵守法律。」「我們愛好美麗的東西，但是並不因此奢侈；我們愛好智慧，但是並不因此柔弱。我們把財富當作可以適當利用的東西，而不把它當作可以誇耀的東西。至於貧窮，誰也不必以承認自己貧窮為恥，眞正的恥辱，是不擇手段以避免貧窮」。「我們結交朋友的方法是給他人以好處，而不是從他人方面得到好處。」「我們的城市，是全希臘的學校。……我們每個公民，在許多生活方面，能夠獨立自主；並且在表現獨立自主的時候，能夠特別地表現溫文爾雅和多才多藝。」㊲敦友睦鄰，自由寬恕，愛好美麗，愛好智慧，溫文爾雅，多才多藝，而又遵守法律，獨立自主，雅典的民風如此，無怪雅典變成全希臘的學校，無怪雅典成為全世界的典範，雅典雖亡，千古猶存。

匈奴「毋文書，以言語為約束。兒能騎羊引弓，射鳥鼠，少長則射狐兔，用為食。士力能彎

㊲ 伯里克里斯的葬禮演詞（The Funeral Oration of Pericles）載於 Thucydides, *History of the Peloponnesian War*, Book II, translated by Rex Warner。中譯有謝德風的譯文，今據之，略作潤色。

弓，盡爲甲騎。其俗，寬則隨畜，因射獵禽獸爲生業；急則人習戰功以侵伐，其天性也。其長兵則弓矢，短兵則刀鋋，利則進，不利則退，不羞遁走，苟利所在，不知禮義。自君王以下，咸食畜肉，衣其皮革，被旃裘，壯者食肥美，老者食其餘。貴壯健，賤老弱。父死，妻其後母。兄弟死，皆取其妻妻之」㊳。匈奴民風的驃悍、野蠻如此，以致匈奴兵強天下，久爲中國大患，然匈奴終歸滅亡，其所留之名，亦爲驃悍、野蠻的象徵，與雅典之名，不能相比擬。由此言之，民風的醇美，與文明相關，文明是民風醇美的源泉。

（六）

顧炎武論人心風俗，最重耿介、清議、忠節、廉恥。其言耿介云：

> 非禮勿視，非禮勿聽，非禮勿言，非禮勿動，是則謂之耿介。㊴

以此言耿介，所以他反對「同乎流俗，合乎汚世。」㊵

㊳《史記》〈匈奴列傳〉。

㊴ 原抄本《日知錄》卷一七〈耿介〉條。

㊵ 同上。

其言清議云：

兩漢以來，……鄉舉里選，必先考其生平。一玷清議，終身不齒。君子有懷刑之懼，小人存恥格之風。教成於下，而上不嚴，論定於鄉，而民不犯。降及魏晉，而九品中正之設，雖多失實，遺意未亡，凡被糾彈付清議者，即廢棄終身，同之禁錮。㊶

如此言清議，是極重視輿論力量。所以他很激動的說：「天下風俗最壞之地，清議猶存，猶足以維持一二。至於清議亡而干戈至矣。」㊷

其言忠節，則由其推崇東漢、北宋的風俗可見：

自春秋之後，至東京而其風俗稍復乎古。吾是以知光武、明、章，果有變齊至魯之功，而惜其未純乎道也！自斯以降，則宋慶曆、元祐之間為優矣。㊸

東漢末年，「黨錮之流，獨行之輩，依仁蹈義，舍命不渝」㊹；北宋危亡，志士「臨難不

㊶同書同卷〈清議〉條。
㊷同上。
㊸同書同卷〈周末風俗〉條。
㊹同㊶。

屈」，「忠節相望」㊺。東漢、北宋於是是風俗最美的時代。到曹操崇獎跅弛之士，王安石起用趨媚之徒，而東漢、北宋的優美風俗不見㊻。亡國不旋踵，天下亦亡㊼。

其言廉恥，則見其論人心風俗的重心：

禮義廉恥，國之四維，四維不張，國乃滅亡。……然而四者之中，恥尤為要。故夫子之論士曰：「行己有恥。」孟子曰：「人不可以無恥。無恥之恥無恥矣。」又曰：「恥之於人大矣，為機變之巧者，無所用恥焉。」所以然者，人之不廉而至於悖禮犯義，其原皆生於無恥也。故士大夫之無恥，是謂國恥。㊽

注重廉，尤注重恥，以「人之不廉而至於悖禮犯義，其原皆生於無恥」，直言「士大夫之無恥，是謂國恥」，是極為沉痛、眞切的話。「教化者，朝廷之先務，廉恥者，士人之美節，風俗者，天下之大事。朝廷有教化，則士人有廉恥，士人有廉恥，則天下有風俗」㊾，羅仲素之言，

㊺ 同❺。
㊻ 參見原抄本《日知錄》卷一七〈兩漢風俗〉、〈宋世風俗〉條。
㊼ 顧炎武有亡國、亡天下之論，見原抄本《日知錄》卷一七〈正始〉條。
㊽ 同書同卷〈廉恥〉條。
㊾ 同上，顧炎武引羅仲素之言。

引之鑿鑿，可見其論人心風俗，以廉恥爲重心了。

綜觀顧炎武的人心風俗論，清楚現出醇美民風的一個最高境界。有耿介之性，持清議之習，稟忠節之操，具廉恥之行，民風如此，醇美無極，人類文明，觀止於此。

（七）

中國數千年來，民風屢變，有醇有疵，有美有惡，而整個言之，有泱泱之風，爲禮義之邦。比較中外，如此立論，不爲自我溢美。然而陵夷到二十世紀的民國時代，我們的泱泱大國民之風遠盪，我們也應當辭去禮義之邦的稱號。五四運動的狂飇，將中國文化中最精粹的部分摧殘了，暢銷一時的《新青年》雜誌，非要「破壞孔教，破壞禮法，破壞國粹，破壞貞操，破壞舊倫理，破壞舊藝術，破壞舊宗教，破壞舊文字，破壞舊政治」[50]不可；維持中國社會秩序數千年的禮教，變成吃人的鬼魔[51]；馴致有人欲廢棄中國優美的文字[52]；欲燒毀中國數千年的歷史書傳[53]；

---

[50] 《獨秀文存》卷一〈《新青年》罪案之答辯書〉。

[51] 《吳虞文錄》卷上有〈吃人與禮教〉一文。

[52] 錢玄同力主廢除中國文字，跡近瘋狂。

[53] 陳獨秀於答錢玄同書云：「康有爲讚美國共和之盛，而與中國七相反，無能取法，其一即云：『必燒中國數千年之歷史書傳，俾無四千年之風俗，以爲阻礙。』在康氏似故作此語，以難國人，在吾輩則以爲燒之何妨？」（見《中國新文學大系》）。

「六經三史當柴火燒，《爾雅》、《說文》糊窗子用」[54]，中國文字「千分之九百九十九爲記載孔門學說及道教妖言之記號」[55]，「一部歷史裡面，講道德說仁義的人，時機一到，他就直接間接的都會吃起人肉來了」[56]，此類武斷、粗鄙而又血腥氣氛瀰漫的言論橫行，民風自隨之而劇變。到自認爲具有窮人匹夫意識型態的共產黨出現，而中國的大亂來臨。摧毀文化最徹底的文化大革命發生了，億萬生靈，慘遭屠毒，優美文化，隨之而盡。茫茫神州，國人勤勞、知足、和平、禮讓、仁愛、寬恕等美德，差不多都不見影踪了，清算鬥爭之習，猜忌貪婪之性，日久而深錮於人心，中國大陸，民風已靡，已是不待爭辯的事實。

中華民國政府播遷臺灣，初期民風淳樸，勤勞進取，上下同心，以致經濟建設，成績輝煌，其富庶繁榮，爲舉世所盛道。然而在極度富庶繁榮之餘，卻不見盛唐禮讓和諧的民風，社會上充滿謾罵之聲，暴戾之氣，形之於文字，極盡尖酸刻薄之能事；見之於交通，盛演以車殺人的慘劇；廟堂之上，一意孤行，無儒雅之象；國會之中，拳腳交加，似群獸之行；而狹隘的地方主義盛行，泱泱大國民之風不見，民風至此，國運堪憂，憂國之士，何日安枕？

祇重經濟，不重文化，知勢利而不知道德、棄禮樂而不飾刑法，教育又偏重知識的灌輸，忽

[54]《吳稚暉先生文粹》〈補救中國文字之方法若何？〉。
[55] 錢玄同〈中國今後之文字問題〉（見《中國新文學大系》）。
[56]《吳虞文錄》卷上〈吃人與禮教〉。

略品性的陶冶，民風又焉有醇美的可能?!以禮樂中的樂而言，今日之樂，已無雅樂可言，靡靡之音與虐耳之聲，實兼而有之，希望用樂來「導引和氣」，「移風易俗」，已是不可能的事。稱得上是雅樂的國劇，已被政府摒棄(頃聞復興劇校已停招國劇科學生，祇收歌仔戲科學生)，令人浩歎無既！一葉知秋，可勝言哉！

周之初興，「文王受鈇鉞而專征，方有事於密阮崇黎，而早已勤修文德，勤聖學，演周易，造髦士，養國老，采南國之風，革其淫亂，兒童嬉遊而掇芣苢，女子修事以采蘋蘩，未嘗投戈而始論道，息馬而始講藝也。優而柔之，以調天地和平之氣，而於兵戎之事，特不得已而姑試之，上弗之貴而下且賤之，聖人之所以潛移人心，而陶冶其性者，如此其至也」㊼。從此可知民風的轉變，由於在上者的領導，而在上者須為聖人。今日安得有聖人出，挽民風而救中國！

㊼《讀通鑑論》卷一一。

二、傳記

二、專論

屠寄傳

（一）

屠寄（一八五六－一九二一年），字敬山，又字歸甫，自號結一宧主人。江蘇武進人。生於清咸豐六年四月十五日（一八五六年五月十八日），卒於民國十年八月十五日（一九二一年九月十六日），享年六十六歲。

屠寄年幼受村塾教育，同治五年（一八六六年）至同治十二年（一八七三年），先後從錢錫藩、何晉甫、沈仲昭等塾師受業。同治十三年（一八七四年），應試入泮宮，始以文章受知於常州知府譚序初。既應陸氏聘，館其家爲童子師，勵志鑽研實學，購得陳壽《三國志》一書，朝夕誦讀，校其訛誤，遂精其學，其治史學，自此始。

光緒八年（一八八二年），赴京師參加順天鄉試，未中。遂應鈕伯雅聘，留京師教讀。時京師書價尚廉，稍稍添購書籍，其抄本、古刻本及卷帙價昂、無力購買者，則借閱之，肆力既勤，學力益粹。同年，結識繆荃孫，協助繆氏編纂《光緒順天府志》。

光緒十一年（一八八五年），中舉人。光緒十四年（一八八八年），應兩廣總督張之洞聘請，出任廣雅書局襄校兼廣東輿地局總纂、廣雅書院教習等職，歷時二年，編成《廣東輿地圖》，並與繆荃孫等從《永樂大典》中纂輯《宋會要》，成〈職官〉、〈五禮〉兩類，〈帝系〉、〈后妃〉、〈食貨〉等類，亦經過整理。

光緒十八年（一八九二年）參加會試，中進士，選爲翰林院庶吉士。光緒二十年（一八九四年），任工部主事。光緒二十二年（一八九六年）迄二十五年（一八九九年），任黑龍江輿圖局總辦，撰成《黑龍江輿地圖》及《黑龍江輿圖說》。

光緒二十九年至三十一年（一九〇三—一九〇五年），先後任京師大學堂正教習、奉天大學堂總教習，講授歷史、地理與國文等課，並編寫《京師大學堂中國史講義》，由京師大學堂鉛印出版。

光緒三十二年（一九〇六年）任淳安縣知縣，於該縣創辦初級師範學校，親兼教長。

宣統三年（一九一一年），辛亥革命爆發，與長子孝寬（曾留學日本，爲同盟會會員）於常州組織地方力量，參與光復活動。同年，常州光復，被推舉爲武進縣民政長。民國二年（一九一三年），袁世凱委爲武進縣知事，毅然辭之。自是專心著述，傾力撰寫其大著《蒙兀兒史記》。

民國六年（一九一七年），應北京大學校長蔡元培之請，出任國史館總纂。至民國八年（一九一九年）止。

民國十年（一九二一年），以濕溫疾終。

有四子，皆留學日本❶。

（二）

屠寄為一早年受舊式教育而晚年有新潮思想之人物。村塾從師、應試入泮宮，迄於中進士，選為翰林院庶吉士，數十年歲月，浸淫於舊式教育中。然晚清變局，促使其思想驟變。當戊戌變法失敗之日，即彼醉心維新事業之時。奮筆為文，「變法」、「自強」、「維新」、「設學堂」、「開民智」、「譯書」等詞彙，集於筆端❷。光緒二十八年（一九〇二年）以後，尤傾力於興辦新式教育、培養新式人才之事業。於京師大學堂、奉天大學堂所講授之歷史、地理等課，為當時之簇新課程；為淳安縣創辦之初級師範學校，則為培養新式人才而設之新式教育。辛亥革命爆發

❶ 以上主要根據由屠寄四子孝宦所撰《先君敬山先生年譜》（以下簡稱《年譜》，附於由上海古籍出版社所出版之《蒙兀兒史記》後）及繆荃孫《藝風堂友朋書札》、《藝風堂文集》等資料。

❷ 屠寄〈譯書公會敘〉（《譯書公會報》第一期）。

後，與其長子動員常州中學、簡易師範學校與高等實業學校學生及邑中民團千餘人響應。「昔齊襄復九世之讎，《春秋》大之，某何人斯，值此盛舉而敢不勉乎！」❸此為彼聞陳其美舉兵滬上後所發出之激昂之聲。然則其思想之新潮可知矣。其四子皆留學日本，長子且與孫中山先生相識，加入同盟會，歸國後投身革命運動❹，其新思想且擴及於全家矣。

屠寄編寫之《京師大學堂中國史講義》，吸收西方進化論之觀點，闡明中國「草昧以來人群進化之理」❺。其書分為三編九章，自傳說時代至唐虞時代為第一編，稱為太古史，自唐虞至春秋時代為第二編，稱為上古史，每編又分若干章，如太古史分成〈自開闢至敍命紀〉、〈自鉅靈氏至神農〉、〈自黃帝至帝摯〉、〈人民開化之變〉等四章，上古史分為〈唐虞〉、〈夏后氏〉〈商〉、〈西周〉、〈春秋之世〉等五章。各章下又共分成三十三小節。於太古史第一章中，將相傳自開闢鴻蒙至西狩獲麟（西元前四八一年）之二百七十六萬年，分為十紀：一曰九頭紀，二曰五龍紀，三曰攝提紀，四曰合雒紀，五曰連通紀，六曰敍命紀，七曰循蜚紀，八曰因提紀，九曰禪通紀，十曰疏訖紀，此雖帶有讖緯學之色彩，惟自其解釋而觀之，則自有其新穎之處。其言曰：

❸《年譜》，宣統三年。

❹ 張唯驤《清代毗陵人物名人小傳》卷九〈屠寄子寬〉。

❺《京師大學堂中國史講義》第一篇第四章〈人民開化之變〉。

> 孔子作《易》，稱庖羲、神農、黃帝，而刪《書》斷自堯以來。太史公作〈五帝紀〉始於黃帝，誠哉慎也。然九頭諸紀，事迹雖荒渺，其名號往往見于故書雅記，及巴比倫神王系表，東西數千里，時隔五千年，何其不謀而合若是！然則秦漢以來諸家傳述尚不盡誣，且其所稱，頗足證草昧以來人群進化之理。今刪其怪迂之處，取其尤雅馴者著於篇。❻

其所謂「九頭紀」，係謂有九首領而非人有九頭。自九頭紀後歷五龍、攝提、合雒諸紀，始教民穴居；敍命紀時，「稍立尊卑之別，蓋漸成部落酋長之世矣」❼；神農氏以前，「天下之人唯知母而不知父」❽，「男女無別，西人所謂雜婚時代，故人知母而不知父」❾。屠寄之敍述與解釋，足證彼已認識歷史之演進，由「草昧」漸至「開化」。復用比較歷史之眼光，與巴比倫之歷史相比較，將荒渺難稽之歷史，尋出「部落酋長」制、「雜婚」制與「知母而不知父」之現象。所謂「刪其怪迂之說，取其尤雅馴者」，是其一套古史研究之系統，已充滿理性與進步矣。

屠寄論政與治史，皆有新潮思想，其卓越不群有如此。

❻ 同上。
❼ 同上。
❽ 《京師大學堂中國史講義》第一篇第二章〈自鉅靈氏至神農〉。
❾ 同上，屠寄於「天下之人唯知母而不知父」下自注如此。

（三）

屠寄精於地理之學。光緒十四年至十五年（一八八八年至一八八九年）曾編纂《廣東輿地圖》一書。光緒二十二年（一八九六年）出任黑龍江輿圖局總辦之日，率輿圖局同人，實地測繪，河山跋涉，不避風雪⑩。「測繪所及，旁涉奉天、吉林、內外蒙古，及斡魯連屬鮮卑兒亞毗連之地。」⑪越兩年，《黑龍江輿地圖》⑫及《黑龍江輿圖說》⑬修成。彼將測繪所得，分著為「圖」、「說」二冊，「圖」中舊疆新界悉注，「說」中詳其沿革。彼自言：「此圖山水沿革即注于圖，可為考古之一助。五年心力，盡瘁於斯。至於准若形勢，山水曲折，可信者十之八九，於中國各省中似為較可。唯山非雲線，水皆雙鉤，限於館章，不能與西圖相比。」⑭其用力之勤，亦可知矣。

清代為地理學研究風氣極盛之時代。梁啟超曾述其梗概云：「清儒之地理學，……可略分三

⑩《年譜》，光緒二十三年。
⑪《蒙兀兒史記》〈凡例〉。
⑫有清光緒內府石印本。
⑬有《遼海叢書》本。
⑭繆荃孫《藝風堂友朋書札》（上）〈屠寄二十七〉。

期：第一期爲順、康間，好言山川形勢阨塞，含有經世致用的精神。第二期爲乾、嘉間，專考郡縣沿革、水道變遷等，純粹的歷史地理矣。第三期爲道、咸間，以考古的精神，推及於邊徼，寖假更推及於域外，則初期致用之精神漸次復活。」⑮屠寄生於咸豐以後，其治地理學，推及於邊徼，富有考古之精神，亦期於致用。於《黑龍江輿地圖》與《黑龍江輿圖說》中，彼極爲氣憤沙俄之擴張領土，屢次提及咸豐八年（一八五八年）沙俄威逼清政府簽訂之中俄瑷琿條約，於繪圖時特詳載被侵占之土地。「黑龍江之左，外興安嶺之陽，自安巴格爾必齊河東至準占河，本咸豐八年前中國舊地，遵館章繪入，示不忘本，今特名之曰舊地。」⑯自此可灼見屠寄之愛國精神，其致用之目的，亦隨之而隱約流露。《圖說》中復有〈入發庫門道〉、〈入喜峰口道〉兩篇，發庫門位於盛京奉天庫廈（今遼寧法庫縣）、喜峰口爲直隸永平府（今河北遷西縣）之要塞，皆不屬於黑龍江省範圍，屠寄詳著於册，乃基於其險要而有益用兵之故。屠寄於黑龍江五年之中，另撰有關東北、西北歷史地理之著作甚多。觀其致繆荃孫之函云：「頃集得《黑龍江江道記》六卷（例仿徐星伯《西域水道紀》）、《黑龍江驛程錄》三卷、《柳邊考古錄》（詳于吉林），頗發前人未發之藏。」⑰又云：「近年詞章之學少廢，頻考訂西北、東北邊地。……近撰《元秘史地

---

⑮ 梁啟超《中國近三百年學術史》。

⑯《黑龍江輿圖說》。

⑰ 同⑭。

理今釋》一書，合諸公之說，證誤釋疑，似不無微長，將脫稿矣（凡十二卷）。別撰《黑龍江驛程錄》四卷、《柳外歸程錄》一卷，後錄於遼金元東北疑地，多所詮釋。」⑱此外又撰《元秘史注》十五卷、《洛陽伽藍記注》五卷、《校勘記》五卷、《東陲地詩》七十一首⑲。此洋洋可觀之目錄也。惜泰半已不存於今日矣。

（四）

屠寄畢生最大之成就，爲撰寫《蒙兀兒史記》一書，其史學光彩，亦自此書而煥發。

屠寄於光緒十五年至十六年（一八八九年至一八九〇年）任職廣州廣雅書局、廣東輿圖局時，購置大量書籍，中有明刻本之《元史》，珍若球璧，詳細閱讀，兼作批注，以後三十餘年中，時讀此書，各葉上端，遍寫蠅頭正楷朱批⑳。自此一端，即可見屠寄對蒙元史用力之勤。東北五年，屠寄研究邊疆地理之同時，廣搜遼、金、元史舊籍，如《元朝秘史》、《長春眞人西游記》、《邊堠紀行》、《元史譯文證補》，皆勤加閱讀。清代學者如祁昀士、徐松、張穆、何秋

⑱ 同上。
⑲ 據《年譜》所言。
⑳ 經屠寄批注的《元史》，現爲中國社會科學院歷史研究所收藏。

濤、李文田等人之有關西北史地之作，亦廣泛參閱之。有感於《元史》之紕繆、荒疏，於是興起重修《元史》之念。其子孝宧云：「先君究心史地之學，歷有年所，每病遼、金、元三朝史事荒疏，東北地理蕪昧不治，慨然有重修之志。頻年索究，漸有門徑。」㉑屠寄則自云：「《元史》之紕繆，眞出人意表，將來非重修不可。寄特爲之整理而已。」㉒屠寄由治邊疆歷史地理轉治蒙元史，其原因清晰可見。

《蒙兀兒史記》始撰於光緒二十一年（一八九五年）屠寄宧遊黑龍江之時㉓。仕宦途中，勤於著述，爲屠寄一生之特色。其子曾紱述云：「先君雖掌校務（指光緒三十二年於淳安縣知縣任所創辦之初級師範學校），仍不廢著述，每晚料理公牘之餘，必挑燈兀坐，續著《蒙兀兒史記》，至晨鷄唱野，曉色曙窗，始掩卷就枕。蓋夜深人靜，心易專一。先君自弱冠以來，即喜夜讀，雖舟車風雪，無或暫輟，此習積之已三十餘年，初不以向老而改其常也。」㉔挑燈著述，其勤可見。自民國二年（一九一三年）至民國六年（一九一七年）爲屠寄於家中全力撰寫之時期。所謂「解印歸臥，……一意著述，朝夕寢饋於蒙兀兒史者，前後凡五年」㉕，爲其寫照。惜未竟全功

㉑ 同❿。

㉒ 繆荃孫《藝風堂友朋書札》（上）〈屠寄二十九〉。

㉓ 說見吳澤主編，桂遵義、袁英光著《中國近代史學史》下册，頁二九八。

㉔ 《年譜》，光緒三十二年。

㉕ 同上，民國二年。

而謝世。其書現行者凡一百六十卷，本紀十八卷，列傳一百二十九卷，表十二卷，志一卷㉖。

明初匆匆修成之《元史》，謬誤叢出，久爲史學界所詬病。清代改修之元史，如邵遠平之《元史類編》，魏源之《元史新編》，曾廉之《元書》，對於《元史》皆有訂正，而未能代替《元史》之地位。屠寄重修元史，先將範圍擴大。《蒙兀兒史記》〈凡例〉中開宗明義云：「本書起訖，不囿有元一代，故不曰元史，而曰蒙兀兒史。」屠寄曾收藏之《元朝秘史》抄本，其封面親手改署爲《蒙兀兒朝秘史》㉗，則其擴大元史之範圍，「務求蒙古在歷史中固有之分際」㉘可見。以致所參用之史料，遂遠超出《元史類編》等書之上。大量採用《元典章》、《蒙古秘史》、《親征錄》、《蒙韃備錄》、《黑韃事略》、《長春眞人西游記》、《西游錄》、《元朝名臣事略》、《輟耕錄》、《草木子》等要籍外，復廣泛利用元人文集、金石志與方志一類之史料。其所用元末與明代史料，有《庚申外史》、《明實錄》、《國初群雄事略》、《弇州史料》、《武備志》、《明世法錄》、《北征錄》、《平夏錄》、《保越錄》等。其所用高麗史

㉖《蒙兀兒史記》有多種刻本。最早之家刻本，共八冊，四十八卷，六百三十六頁，大約刻於民國初年。第二次刻本刻於民國五、六年，共十冊，五十七卷，七百七十八頁。第三次刻印，約在民國十年，共十四冊，約八十卷，一千二百一十五頁。民國二十三年第四次刻印，共二十八冊，一百四十六卷，二千一百六十二頁。以上均爲毗陵屠氏結一宧家刻本。現通行之本，爲上海古籍出版社所刻印者。

㉗轉見吳澤主編，桂遵義、袁英光著《中國近代史學史》下冊，頁三〇七。

㉘孟森〈蒙兀兒史記序〉。

料，有《高麗史》、《韓國小史》、《東史輯略》等。雲南方面之史料，則用《滇系》、《滇記》；西域方面之史料，則用《大唐西域記》、《唐慈恩三藏法師傳》、《西使記》、《西域圖志》、《西域水道記》、《莎車紀行》；地理方面之史料，則用《太平寰宇記》、《讀史方輿紀要》、《清一統志》、《蒙古游牧記》、《朔方備乘》、《異域錄》、《奉使俄羅斯行程錄》、《日本國志》、《乾隆內府圖》、《中俄界圖》，可稱旁徵博引者矣。尤值稱道者，爲屠寄採用外文史料。觀其於〈凡例〉中云：

成吉思汗先世之系，《秘史》最詳，然與西域人辣施特哀丁所撰《蒙兀全史》及撒難薛禪所撰《蒙兀源流》互有出入。今參考異同，定為一說。其間疑似，加注釋之。《元史》譌謬漏遺，前人辨之詳矣。然自錢氏大昕以至李氏文田，參考斠補，不出華籍華圖。至洪氏鈞《元史譯文證補》出，始知西域人泰西人書足補元史者不少。惜洪先生未及手自校刊，行世之本，有目無書者，列傳九篇，蒙兀部族考一篇，今次第搜集，補其闕目。……

洪氏自謂補傳悉本多桑，然取多桑書原本校之，始覺洪書於西域及木剌夷巴黑塔諸傳刪節過甚，或譯義有違反處。今所重編，多所補正。

多桑書於西北三藩，詳於旭烈兀後王，略於拙赤後王。若察阿歹後王，則諸西書並略。洪氏所補察阿歹諸王傳，自云雜采西人所譯西域人著述而成。然仍有目無書也。予友周君少如（秉清）前留學法蘭西時，寄贈米利堅乞米亞可丁博士所撰《蒙兀史》三巨册，且間述拙赤後王之事，較多桑書特詳，謂之斡魯速部之蒙兀史，占全書三之一，命第三子孝實譯出，今所編拙赤諸王傳悉本之。洪氏帖木兒補傳，自謂本東羅馬書，沈布政曾植見其稿，謂未全也。鄙人並未見洪稿，玆所補帖木兒傳，則命第四子孝宦於英吉利人所編《史家之歷史》中抽譯，而以《明史稿》等書補證之。

自以上可知屠寄輾轉參用西域人辣施特哀丁之《蒙兀全史》、撒難薛禪之《蒙兀源流》、多桑之《蒙古史》以及英美史家之《蒙兀史》、《史家之歷史》，且參互考訂，凡駁正一說，必博徵群籍，以求其是，尤重實地考察，「往來蒙兀草地數四」㉙，「於蒙兀初起用兵，及東道諸王分地，一山一水，皆能知其古地今名」㉚。無怪孟森譽其書云：「先生此書，所得固多出於舊史，然其參訂舊史，以綜合新材，無一字不由審訂其地時日而後下筆。……其於史業，上繼歐陽，下此安足數哉！」㉛此殆為定評焉。

㉙《蒙兀兒史記》〈凡例〉。
㉚同上。
㉛同㉘。

（五）

屠寄治蒙元史久，狹隘之種族觀念已無。於論及元亡之原因云：

元之致亡，其道多端，匪可更僕數。由君子觀之，則謂蒙兀君若臣，百年之內，揭櫫種族異同，有以致之，非苛論也。雖然，種族亦何常之有！自秦漢以降，受命而王者數十，亡國易姓覆宗滅祀者比比也，豈獨異種之蒙兀耶？㉜

種族之禍，于今為烈已。種族乎？種族乎？彼蒼者天視之，其孰肖其德乎？於戲！元有中國百餘年而亡，清有中國二百六十餘年而亡，諉曰胡漢異種不相容也。彼朱明者，非華族同種耶？何以二百七十餘年而亦亡也？㉝

可知屠寄不同意將元亡之原因，歸之於所謂「異種」之統治，同種之華族王朝亦亡。於是其

㉜《蒙兀兒史記》卷一七〈妥懽帖睦爾汗紀〉。
㉝《蒙兀兒史記》卷八〈忽必烈汗紀〉。

史學觀念遂廣大寬宏，對於蒙古族、契丹族、畏兀兒族、女眞族以及其他民族中有識有爲之士，時加讚譽；對於蒙古西征時所留之慘禍，痛施針砭：「蒙兀經略波斯，自成吉思以至旭烈兀，中間四十餘年，兵革不息，木速兒蠻人在水深火熱之中，生理垂危矣」㉞；種族之成見，悉數廓清，大聲疾呼，「自今以往，繼淸而起者，勿恃同種相愛，逞其一家天下之私，謂二世三世至于千萬世可傳之無窮也」㉟；同於國父孫中山先生之「五族共和」思想形成，「家天下之法，……不足尙也。在《易》乾之用九曰：『見群龍無首，吉。』共和政體之利，文王已知之矣。」㊱屠寄於清末民初史家中，有史學復有史識，誠不可及矣。

㉞《蒙兀兒史記》卷六八〈阿八哈列傳〉。
㉟同㉝。
㊱《蒙兀兒史記》卷七四〈阿里不哥海都列傳〉。

夏曾佑傳

夏曾佑（一八六三—一九二四年），一作增佑，字穗卿（亦作遂卿），號碎佛，筆名別士，浙江杭縣人。生於清同治二年（一八六三年）十月（一作同治五年生）。父名鸞翔，號紫笙，精算學，與同邑戴煦並稱爲杭州大算學家。鸞翔曾創曲線新術，著書名致曲術，凡分平圓、橢圓、拋物線、雙曲線、一線、對數曲線、緊線七類，皆自出心裁，法密理精，又製致曲圖解說明之。鸞翔逝世時，曾佑仍在襁褓之中，賴慈母撫養，得以成人。光緒十四年（一八八八年）舉於鄉。光緒十六年（一八九〇年）參加會試，成進士，名列二甲第八十七名，得入詞林。旋改禮部主事。光緒二十年（一八九四年）中日甲午戰爭後，曾佑思想轉變，治公羊學，提倡維新，與梁啟超、譚嗣同等過從甚密。光緒二十一年（一八九五年）官知縣。光緒二十二年至二十三年（一八九六—一八九七年），居天津，時孫寶琦設育才館於天津，中西學並重，延曾佑爲師，歷時二年。同時與嚴復、王修植等創辦《國聞報》，宣傳新學。嚴復所譯《天演論》、《原富》諸書，曾與曾佑反覆商榷而後成篇。曾佑又邃於佛典，與沈曾植、張爾田等談佛，晨夕不倦，故自號碎佛。光緒二十六年（一九〇〇年），選授安徽祁門縣知縣，在任三年，政簡刑清。嗣以直隸州知州用。旋以母喪歸，服闋，會有五大臣出洋考察憲政之舉，乃隨赴日本，所稱「憲法大綱」十則，出其手訂。歸國後，任安徽泗州知州，兩江總督委爲代表，北上會議官制。民國成立之後，退居上海，旋應教育部總長蔡元培邀請，出任教育部社會司司長，凡四年。後改任北平圖書館館長，剛正不阿，以上司久借宋版史記不還，派員往坐守之，致生隙。後該次長升任，故改任教北大。民國十三年（一九二四年）四月十八日卒，享年六十二歲。其夫人許氏，名德蘊，亦擅詩文，壽七十有四。長子元瑮，爲名物理學家，介紹相對論於中國；次子元瑜，以雜文顯。曾佑善文能詩，據云有遺文二百餘篇，遺詩百餘首，惟未刊行。其史學著作《中國古代史》則留傳至今。按此書分兩篇，第一篇上古史，第一章傳疑時代，太古三代，第二章化成時代，春秋戰國。第二篇中古史，第一章極盛時代秦漢，第二章中衰時代魏晉南北朝。本稱《中學中國歷史教科書》。第一册上古部分於清光緒三十年（一九〇四年）六月初版，第二册秦漢部分於光緒三十一年（一九〇五年）八月初版，第三册魏晉南北朝部分於光緒三十二年（一九〇六年）四月初版。此下未續出，本非完書。初刊頗極風行，辛亥革命以後，漸少流傳。民國二十二年（一九三三年）商務印書館將此書重印，列爲該館所編大學叢書之一，而易以今名。一代學人，其著述可見者，亦僅此而已。

光緒二十年（一八九四年）是關係中國歷史劇變的一年，這一年也是曾佑與梁啟超來往最多的一年。梁啟超曾有這樣的記述：

我十九歲開始認得穗卿——我的「外江佬」朋友裡頭，他算是第一個。初時不過「草草一揖」，了不相關。以後不曉得怎麼樣便投契起來了。我當時說的純是「廣東官話」，他的杭州腔又是終身不肯改的，我們交換談話很困難，但不久都互相了解了。他租得一個小房子在賈家胡同，我住的是粉房琉璃街新會館——後來又加入一位譚復生，他住在北平截胡同瀏陽館——「衡宇望尺咫」，我們幾乎沒有一天不見面，見面就談學問，常常對吵，每天總大吵一兩場。但吵的結果，十次有九次我被穗卿屈服。我們大概總得到意見一致。

（〈亡友夏穗卿先生〉）

可見曾佑與啟超的投契。啟超尊曾佑爲自己「少年做學問最有力的一位導師」（見同上），且說「啟超之學，受夏、譚（嗣同）影響至鉅」（《清代學術概論》），沒有誇大。啟超亡命日本，曾佑曾贈以詩云：

壬辰在京師，廣座見吾子，

草草致一揖，僅足記姓氏。
洎乎癸甲間，衡宇望尺咫，
春騎醉鶯花，秋燈狎圖史，
冥冥蘭陵門，萬鬼頭如蟻，
質多舉雙手，陽烏為之死，
袒裼往暴之，一擊類執豕。
酒酣擲杯起，跌宕笑相視，
頗謂宙合間，只此足歡喜。
夕烽從東來，孤帆共南指，
再別再相逢，便已十年矣。
君子尚青春，英聲乃如此，
嗟嗟吾黨人，視子為泰否。

這首詩是啟超硬背起來的，其中說明了曾佑治學的方向。原來曾佑與啟超一樣，從幼年治乾嘉考據之學，積有素養。一旦他們見了面，對於以前所學，發生極大的反動，甚至到憤恨的程度。所謂「冥冥蘭陵門，萬鬼頭如蟻，質多舉雙手，陽烏爲之死。」「蘭陵」指的是荀卿，「質多」是佛典上魔鬼的譯名——或者即基督教經典裡頭的「撒旦」，「陽烏」即太陽——日中有烏是相傳的神話。擒賊擒王，打倒乾嘉考據之學的老祖宗荀卿（清儒所治漢學，自命爲荀學），就等於打倒乾嘉考據之學了。「袒裼往暴之，一擊類執豕，酒酣擲杯起，跌宕笑相視，頗謂宙合間，只此足歡喜」。像是他們合奏的革命成功凱歌。曾佑轉治龔自珍、劉逢祿一派的今文學，自然是他必走的一條路。光緒末期他在《新民叢報》和《東方雜誌》上以「別士」的筆名寫過一些文章，見解深刻卓越，被推爲晚清思想界革命的先驅者。

進入民國時代，曾佑轉趨消極。他既不喜歡著書，也不喜歡講學，他的思想，只是和欣賞的朋友偶然講講。社會上早忘卻其人，他也貧病交攻，借酒自戕，終至一蹶不起。「君自爲繁我爲簡，白雲歸去帝之居。」從他贈梁啟超的詩，可以清楚看出他消極的心情。所以曾佑晚年的思想，我們很難瞭解。梁啟超曾經說：「他晚年思想到怎樣程度，恐怕除了他自己外，沒有人知道。」（〈亡友夏穗卿先生〉）深於佛學的他，可能將塵世的一切，都看淡了。

曾佑不經意著書，而他的一部《中國古代史》卻可以使他名垂青史。這部本來爲中學生當教本的書，可能是他在推辭不了的情形下而撰寫的。他對中國歷史的新見解，藉此得以充分發揮。觀其於自敍中云：

智莫大於知來。來知何以能知？據往事以為推而已矣。故史學者，人所不可無之學也。雖

> 然，有難言者。神州建國既古，往事較繁。自秦以前，其紀載也多歧；自秦以後，其紀載也多仍。歧者無以折衷，仍者不可擇別。況史本王官，載筆所及，例止王事，而街談巷語之所造，屬之稗官，正史缺焉。治史之難，於此見矣。然此猶為往日言之也。洎乎今日，學科日侈，日不暇給，既無日力以讀全史，而運會所遭，人事將變，目前所食之果，非一一於古人證其因，即無以知前途之夷險，又不能不亟讀史。若是者將奈之何哉？是必有一書焉，文簡於古人，而理富於往籍，其足以供社會之需乎？今茲此編，即本是旨。

肯定讀史的重要性，而呼籲「必有一書焉，文簡於古人，而理富於往籍」，這是寫新通史的提倡。在光緒末年能有此見解者，鮮有其人(可與梁啟超的新史學相輝映，梁啟超推崇其對於中國歷史的新見解)。所以三十年後的評者，仍備致推崇之意云：

> 今日之所缺，則非以往積存歷史之材料，而為今日所需歷史之知識。良以時代變則吾人所需歷史之知識亦變。古來歷史亦時時在變動改寫之中。今日所急需者，厥為一種簡要而有系統之通史，與國人以一種對於已往大體明晰之認識，為進而於本國政治、社會、文化、學術種種學問樹其基礎，尤當為解決當前種種問題提供以活潑新鮮之刺激。（公沙〈評夏曾佑中國古代史〉）

民國以後紛紛出現的新通史，必以此書爲嚆矢焉。

曾佑撰寫此書的方法，也值得稱許。其第一篇凡例云：

> 每時代中於其特別之事加詳，而於普通之事從略。如言古代則詳於神話，周則詳於學派，秦則詳於政術是也。餘類推。

第二篇凡例又云：

> 本篇用意與第一篇相同，總以發明今日社會之原為主。文字雖繁，其細只三端：一關乎皇室者，如宮室之變，群雄之戰，凡為一代興亡之所繫者，無不詳之。其一人一家之事，則無不從略，雖有名人，如與所舉之事無關，皆不見於書。一關乎外國者，如匈奴、西域、西羌之類，事無大小，凡有交涉，皆舉其略，所以代表。一關乎社會者，如宗教、風俗之類，每於有大變化時詳述之。

詳於特別之事，略於普通之事，且以發明今日社會之原爲主，非有銳利的史識做不到；凡一代興亡之所繫，社會之大變，以及與外族之交涉，皆致其詳，居今日而寫一部貫通性的中國歷史，也不能出此範圍。

曾佑此書的內容，自然瑕瑜互見，與其所懸的目標，尚有距離。不能釐清上古神話與眞歷史之間的界限，是此書的缺陷之一。春秋戰國部分，不能將春秋戰國期間政治、社會、經濟、學術種種方面的劇變，剴切指陳，而全部錄入《史記》十二諸侯年表、六國年表及顧棟高春秋大事表五列國爵姓及存滅三表，竟佔全書篇幅五分之一，殊失體要。論及周代學派，處處不脫今文經學家的習氣，以老孔墨爲三大宗教，且推孔子之道爲國教，孔子爲教主，甚至說孔子是老子的弟子，皆值商榷。至於述及秦漢魏晉南北朝部分，疵瑕處亦多，茲不贅。

此書的疵瑕，並不損其價值。全書敍述的扼要，文字的生動，使人有心開目朗之感。尤要者，是其氣勢的浩瀚，一編在手，如登泰山而眺群峰，上下千古，豁然在目。比起摭拾二十四史、九通，拉雜拼湊，非之無可非，刺之無可刺，無所略亦無所詳，無所失亦無所得，相去誠不可以道里計。「中國之聖經，謂之六藝」；「中國五千年之歷史，以戰國爲古今之大界」；「中國之教，得孔子而後立；中國之政，得秦皇而後行；中國之境，得漢武而後定。三者皆中國之所以爲中國也」；「前後漢兩朝，專以併吞中國四旁之他族爲務，北則鮮卑、匈奴，西則氐、羌，西南則巴賨，幾無不遭漢人之呑噬者。中國以是得成大國，而其致亂，則亦因之。」快人心目之論，比比而是。

曾佑臨終前數日，語其妻、子，以平生所學，未能有著作留傳後世爲憾。顯然他並不滿意所著《中國古代史》一書。學人愼重，留下遺恨，而此恨是永無盡期的。

（參考：夏曾佑著《中國古代史》；《圖書季刊》一卷二期，公沙〈評夏曾佑中國古代史〉；《東方雜誌》二十一卷十期，梁啟超〈亡友夏穗卿先生〉；梁啟超著《清代學術概論》；丁文江編《梁啟超年譜長編》；《明清歷科進士題名碑錄》；《傳記文學》二十五卷一期〈夏曾佑小傳〉。）

朱希祖傳

朱希祖，字逷先，浙江海鹽人。生於清光緒五年（一八七九年），卒於民國三十三年，享年六十六歲。

高叔祖虹舫，清嘉慶辛酉進士，翰林院編修。曾叔祖朶山，清道光丙戌進士，殿試第一，授翰林院修撰。父永縈，以篤學力行爲鄉里所重。兄弟四人，年最長，幼受庭訓，即有志於經史之學。光緒三十二年（一九〇六年）考取官費留學，赴日肄業於早稻田大學，專攻歷史。時碩儒章炳麟倡言革命，東走日本，即與黃侃、錢夏等執禮受業，受說文音韻之學。國父孫中山先生亦適聚全國志士於日本，演講三民主義，朱氏時往聆聽，於是始有意以明季歷史，揚民族大義，以爲革命助。

清宣統元年（一九〇九年）朱氏自日歸國，任教嘉興浙江第二中學，以革命學說，灌輸群士。民國肇興，任海鹽縣知事，任職半載，百廢俱興。旋轉職浙江教育廳。去職之日，邑人扶老携幼，遮道請留。其恩澤及人之深可見。

民國二年，教育部召集國語讀音統一會於北京，延請專家參與，朱氏於出席時倡議云：「擇古文篆籀徑省之形爲字母，既采其形，復符本音，凡聲母二十四，韻母十二，介母三，稱注音字母。」此議貫串文字音韻，簡易理得，眾韙其議，遂通過頒行。國語有注音字母，自此始。由是名動京師，北京大學遂聘朱氏爲教授，復兼清史館編修。會袁世凱密謀稱帝，清史館總纂趙爾巽翼贊之，朱氏羞與爲伍，辭編修職，專任北大，迭膺中國文學系及史學系主任職，主講史學通論、中國文學史與中國各斷代史，以「鈎深致遠，條理縝密」❶著稱。

民國六年蔡元培出掌北大，以兼容並包，圓通廣大的態度，網羅人才，胡適便是其一。胡氏提倡語體文學，朱氏贊助之，與之上下其議論。北大史學系首列政治、經濟、法律、社會等社會科學，爲修習課程，係出於朱氏的卓見❷。朱氏於史事的考證，則首重原始資料與實物證據，輾轉複製資料，決不輕用。時內閣大庫檔案初出，無識者棄之如敝屣，一二好古之士，又僅擇其精者。朱氏獨請北大購其殘餘，親率學子整理。謂治史須如此，始爲直接研討。海內從之，蔚爲風氣。中國史學，至此躋於科學之林。

民國十二年，入關中講學，謁漢唐陵寢，廣蒐關中古蹟，所得古籍及拓本盈箱。旋北遊大

❶ 見羅香林〈朱逷先先生行狀〉，附於朱著《史館論議》（學生書局，民國六十七年景印本）後。

❷ 參見朱希祖〈新史學序〉（載於魯賓孫原著，何炳松譯《新史學》前）。

同，訪雲岡造像。

民國十五年，張作霖自瀋陽入京，自署大元帥，改組北京大學，朱氏轉任清華大學、輔仁大學教授。民國十七年，國民政府北伐成功，北京大學復校，朱氏復回主持史學系。又發起成立中國史學會，藉聚群英，討論史學。

民國十九年，就任中央研究院研究員，旋辭去。

日人發動九一八事變，東三省淪陷，朱氏痛國難日深，益欲撰述南明史乘，以勵國人。會中山大學延主文史研究所，喜曰：「兩粵爲南明諸王興兵抗滿之所，適於蒐集實地資料。」遂前往。道過南京，訪明寢陵。在粵講學期間，四出訪問，所得南明史料及兩廣方志甚多。會粵省議修廣東通志，委中山大學總其事。朱氏乃爲嚴立體例，尅期修成。

民國二十三年，應門人羅家倫之聘，出任中央大學史學系主任，遂自廣州移居南京。時中央古物保管委員會成立，朱氏兼爲委員，並負責考察南京近郊古蹟，至江寧、丹陽、當塗等地，調查陵墓，發現六朝陵墓十三處，皆爲測量攝影，鈎稽考證，寫成六朝陵墓調查報告書，不但究其石刻淵源，而且釋其制度底蘊，近世談考古學者，鮮能逾之。

民國二十五年，其師章炳麟逝世，朱氏聞耗哀慟，馳往舉喪，守廬不忍去。

民國二十六年八月政府宣佈對日抗戰，中央大學奉命西遷，朱氏隨校入蜀，卜居重慶南郊袁家花園，骨肉離散，親朋寥落，而教學精神益奮。會教育部擬頒佈大學課程標準，徵求意見。朱氏於歷史學系的課程，建議甚詳，謂歷史系不外應用與學理二途。以學理言之，目的有二，一在發明歷史眞相，除普通史及社會、政治、經濟諸學爲必修科外，須以考古、地史、人類、人種、語言諸學，及人文地理、吾國文字學、古文書學等爲必修科，而以各國別史如英、美、德、法、俄、日等國史爲選修科，或更以專門史如社會史、經濟史等輔之。二在發明歷史眞理，須以心理學、論理學、歷史哲學等爲必修科，而以各種專門史如社會史、經濟史、哲學史、美術史、宗教史等爲選修科，或更以人文地理學、人類學輔之。至如史學方法論、史學概論、史學原理等，內容多相通者，用其一種足矣。史學史、史籍舉要，亦當用其一種。至於歷史之應用，則由師範學院任之。其議上，眾以爲允當不可易。

藉歷史以綿延國家民族的命運，爲朱氏極重要的見解，其於民國三十八年所擬〈建立總檔案庫籌設國史館議〉云：

中國國史不可自吾黨而絕，猶中國國祚不可自吾黨而亡。良繇民族之所以悠久，國家之所以綿延，全賴國史為之魂魄。美洲之紅種，非洲之黑人，中國之蠻蜑，日本之蝦夷，惟其無歷史，所以不能建立國家，蕃衍種族；周之玁狁，漢之匈奴，唐之突厥，清之準噶爾，其建國不可謂不大，其種性不可謂不強，惟其無歷史，所以故國永淪而不復，人種華離而日衰。中國在宋末曾滅於元，不百年而復，在明又滅於清，不三百年而復。蓋吾族自有其歷史，決不甘屈服於他族之下。是故亡史之罪，甚於亡國。亡國而國史不亡，則自有復國之日。何則？其魂魄永存，決不能消滅也。自古以來，滅人之國，必以其歷史為先務，端緒於此。古人有言，國必自伐，而後人伐之。則史亦必自滅而後人滅之。惟中國綿延不絕者，端賴歷史悠久，取精多，而用物宏，其勢然也。然則自吾祖宗締造歷史，歷代賡續，未有中絕，垂四五千年而光照天壤，世界各國無與倫比，國土之大，人口之眾，皆受歷史精神融鑄，斷然不可分割。為子孫者，豈可妄自菲薄，不為之繼續撰述，傳之無窮，而自儕於無史國家乎？夫欲續歷史，不可不設國史館；欲保存史料，不可不設檔案總庫。蓋國家檔案，為史料之淵海，國史之根柢，實為至高無上之國寶。故保存之方，宜盡力講求。中華建國以來，南北政府檔案，以不甚重視，散佚不少。國民政府成立以後，行政院曾在南京設檔案庫，收藏北政府之內閣及各部殘存檔案。抗戰以來，行都設於重慶，當倉皇播遷之時，自國府以及各部院會檔案，聞亦有散佚棄去者。淪陷區之省府檔案，更無論矣。其北平舊閣部檔案，恐又不免遺失。以國家如此重寶，付之於不知愛惜者之手，宜其棄之如敝屣也。吾國歷代史官制度，史籍撰輯，記載頗詳，惟平日保存政府檔案，以為史料淵源者，略而不記。惟宋史職官志，有主管架閣庫，掌儲藏帳籍文案以備用，選擇人有時望者為之。惟其制度尚未實備。惟周禮春官天府一職，掌祖廟之守藏，凡國之玉鎮大寶器藏焉，凡官府鄉州及都鄙之治中，受而藏之，以詔王察群吏之治，此為保存檔案最善之法。

檔案保存於祖廟之守藏，與國之大寶器同掌於天府，則視檔案亦如國之重寶，尊之至重之至也。若遷都，則檔案與國之大寶器隨祖廟之遷移，則若敢不視為先務，而有遺棄散佚之事也。由今觀之，周官保存檔案之術，確可師法，然尚嫌太繁，宜採英國藍皮書制度，將全國重要案卷，分為二期，一為當時可發表者，即印於時政記，而公佈發賣，使國民咸知；一為秘密檔案，一時不可發表者，則存於特別檔案庫，而嚴密保存，將來即可用為史料。如此則保存檔案之法，簡而易守。總檔案庫設於國民政府，所藏皆各院部會之機密重要檔案正本，國府之官長管其鑰，更師古代金匱石室遺意，特造鋼骨水泥之地下庫，而以鐵匱藏其中，國之重寶，可同藏焉。各院部會自藏其副本，俟時效已過，或取出發表於時政記，或終藏於檔案庫，將來擇其宜者，作為史料。至於國史，則中華建國二十八年矣，國史之館，未曾設立。然而政府命令，每當大員捐館，必云宣付國史館立傳。夫既無史館，於何宣何？既無史職，誰為立傳？原當局之意，未嘗不知國史館之重要，嘗冀建立，以揚耿光。故必垂之命令，豈欲徒託空言？徒以倡導無人，規畫無術，貽誤蹉跎，遂為闕典。及至抗戰，又視為不急之務。不知存亡絕續之交，史務尤宜重視。捐軀報國，毀家紓難，以及內政外交軍務戰績，非有專職記載，何以鼓舞群倫，宣徽來禩？吾國史務之最完備者，莫如唐宋。書榻前論議之辭，則有時政記；記時下見聞之實，則有起居注；類而次之，謂之日曆；修而成之，謂之實錄。於是宣付史館，匯為史料，旁稽野史外記，博採文集奏疏，分期選進，謂之國史。今起居注、實錄宜廢，時政記、日曆宜復。惟有二事宜顧慮者，史官位望既輕，高級衙署，不受約束，難以取匯史料，一也。事關機要，須守秘密，行政當局，不敢盡情供給史料，二也。此類史例，史不絕書。是以唐宋二代，多以宰相監修國史，時政記房、日記所、國史院，往往直隸於中書門下二省。今擬時政記、日曆、國史，統歸國史館撰輯，而國史館直隸於國民政府，其館即設於府內，與總檔案庫相近，而以監察院院長為監修國史。時政記仿宋三省與樞密院、各撰彙送史館之例，可由五院及軍事委員會各選重大政要，可以發表者，月成一冊，各送史館。其事簡之院，可季成一冊送之。史館總合其事蹟，月撰一冊或二冊，由監修核定排印，公佈發賣，使國民咸知。其機密重大事件，俟時效已過，則每季或每年總撰一冊或二三冊以補之。日曆，按日記載軍國政要，積成編年史，與國史為正史體裁，分為紀傳表志者不同。然二者各有所長，故前代未嘗偏廢。今國史體裁，或宜參酌新史，略為變通。蓋本紀之名，今不適用也，而日曆則不能變。唐宋二代，每彙集時政記及起居注，月成二冊，日曆則倍之。今已廢起居注，則撰日曆者，除憑藉時政記外，必宜日訪政要而記錄之，月終呈於監修核定。唐宋二朝，每一帝必修一正史。今當以十年或二十年修一正史，民國元年以來，至國民政府成立以前之國史，必宜先修。國史館既特設監修官以修國史、日曆及時政記，其下當設修撰官若干人，編修官若干人，纂修官若干人，以分修國史、日曆、時政記，以明於政

治。深於史學，優於文藝，而有聲望之人充之。❸

其議上，政府於民國二十九年二月成立國史館籌備委員會，以張繼、鄒魯等七人爲委員，聘朱氏爲總幹事，延請專才，商榷史例，部署會務，皆其功居多。或以詩頌之云：「廢絕黎洲徵季野，忽開史館雜旌旄，十年建國無文字，今日行都見鳳毛。」❹其被推重如此。

是年三月，政府簡任朱氏爲考試院考選委員，因辭去總幹事職及中央大學教學工作。

民國三十三年七月五日，朱氏以哮喘病卒於巴中。

朱氏致力史學研究，四十餘年。自教授北京大學，即以新史學爲己任；網羅放佚，蒐討舊聞，冀存歷史文獻；首議纂述國史，發揚修史義例，冀延國族靈魂；於日寇侵襲，播遷西南之際，殫力於明季歷史，冀養浩然正氣。晚年體弱多病，猶強自支持，筆不停揮。家人請稍休息，則曰：「吾以此爲樂，舍此將安適耶？」其勤學如此。所著有《明季史籍題跋》六卷、《僞楚錄輯補》六卷、《僞齊錄校補》四卷、《僞齊國志長編》十六卷、《汲冢書考》五卷、《戰國史年表》八卷、《新梁書藝文志》四卷、《國史館論議》三卷、《酈亭藏書題跋記》四卷、《中國史學通論》等，多收入《朱希祖先生文集》中。

---

❸《史館論議》卷一〈建立總檔案庫籌設國史館議〉，其過繁者刪之。

❹羅香林〈朱逷先先生行狀〉。

夫人張維女士，子女六人，女倓，北京大學國學門研究所畢業，適史學家羅香林；長子偰，德國柏林大學經濟學博士，次子侃，北京大學農學士；三子僑，北京大學法學士；四子倞，中央大學理學士；五子佑。

（參考：王宇高、王宇正〈朱希祖傳〉，《國史館文刊》第一卷第二期，民國三十七年三月；羅香林〈朱逷先先生行狀〉，寫成於民國三十四年十月一日；朱希祖《朱希祖先生文集》，六册，九思出版公司，民國六十八年影印。）

何炳松傳

何炳松，字伯臣，又字柏丞，浙江金華人，生於清光緒十六年九月五日（一八九〇年十月十八日），卒於民國三十五年（一九四六年）七月二十五日，享年五十七歲。

何氏幼年接受舊式私塾教育，所受父親的啟廸尤多。清光緒三十年（一九〇四年）中秀才，是年十五歲。翌年，開始受新式教育。民國元年（一九一一年），以優異成績，畢業於浙江高等學堂。同年，赴美留學，入讀威斯康辛大學，民國四年畢業，獲學士學位。繼讀普林斯頓大學研究所，專攻史學，民國五年獲碩士學位後返國。

何氏自美返國後，初任浙江省政府秘書兼視學，旋任北京大學歷史系教授及北高師史地系主任，至民國十一年暑假止。當民國九年何氏在北京大學歷史系講授歷史研究法一課時，曾以美國史學家魯賓孫（J.H. Robinson）的《新史學》（*The New History*）英文原本作課本，以內容簇新，頗受學生歡迎。何氏於是用六個月的時間，將其書譯成中文，出版後對於中國史學界形成很大的影響，中國史學界重視社會科學，係受何氏所譯《新史學》的影響。

民國十一年秋天，何氏離北京，到杭州履浙江省立第一師範學校校長新職。到職不到一年，該校發生震驚全國的大毒案，案發於民國十二年三月十日的晚上，該校師生二百餘人於飯後中毒，學生死者二十二人，校役死者二人，因中毒過深而殘廢者若干人。此案發生後，身爲校長的何氏，所受影響最大。「朝夕奔走，寢食不安，物質精神，兩受痛苦」❶。他希望司法機構辦此案，「不求速效，毋枉毋縱，訊研不厭求詳，而證據切須確鑿，務期水落石出，以快生人而慰逝者」❷。但是當時杭州警察機關與司法機關辦此案，有草率之嫌，認定在食物中下砒霜毒藥的主犯是在校學生俞爾衡，教唆犯是畢業生而在省教育廳任事的俞章法，皆處死刑；另從俞爾衡手中接到砒霜而放入飯鍋中的工友畢和尙、錢阿利亦處死。惟民間對此案的判決，極表懷疑。證據的不够，使此案可能是一件寃獄，至少是一件疑案❸。

民國十三年起，何氏出任上海商務印書館編輯，旋升史地部主任，直至民國二十一年一二八事變爲止。在此期間，曾主編中國史學叢書，並兼任上海新設立的光華、大夏、國民等大學教

---

❶ 見何炳松撰〈一師毒案之回顧〉，載於《一師毒案紀實》一書。轉引自阮毅成〈記何炳松先生〉一文，文見《傳記文學》第十七卷第二期。

❷ 同上。

❸ 阮毅成〈記何炳松先生〉。

授，商務附屬機構東方圖書館副館長及總編輯，亦由何氏兼任。一二八事變發生，商務上海總館及東方圖書館均毀於炮火。何氏的事業，亦轉入另一新階段。

商務的重建工作，何氏曾參與。民國二十二年元月，中國教育學會成立，被推爲理事，其後又曾任中華學藝社理事。在此期間，如火如荼的全盤西化論出現，何氏在上海與王新命、章益、陳高傭、陶希聖、孫寒冰、薩孟武、樊仲雲、黃文山、武堉幹等十教授發表「中國本位的文化建設宣言」，以與之相抗衡。

民國二十四年六月，何氏出任國立暨南大學校長。二十六年八月十三日，上海戰爭發生，暨南大學校址淪陷，乃遷入租界上課，至三十年十二月八日日軍進入租界搜查，不得已而停課爲止。在此四年中，租界以外，風聲鶴唳，豺狼出沒，何氏率全校師生，堅苦忍受，弦歌不輟，其悲涼景象，可以想像。當民國三十年十二月八日早晨上完最後一課的時候，日軍進入租界，橫肆搜查，學校乃宣布停課，何氏間關以入浙江，其他師生也陸續隱密地離開上海，向浙江集中。

四年租界講學期間，何氏也留意國家文化事業，自上海馳函教育部及中英庚款董事會，謂上海有大量珍貴圖書出售，不及時收購，將流入異域。並熱心協助前往購書者蒐訪❹。這與他的提倡中國本位的文化建設，是可以相呼應的。

❹見蔣復璁〈涉險陷區訪書記〉一文，載於《中央月刊》第二卷第九期，民國五十九年七月一日。

何氏抵達浙江後，教育部發表他爲國立東南聯合大學籌備委員會主任委員，並指定何氏的故鄉金華爲日後東南聯大的校址。其時西南聯大已在昆明成立，東南聯大則須將所有上海淪陷的公私立大學與專科學校內遷後，始有成立可能。籌備尚無頭緒，日軍於民國三十一年五月十七日進犯浙贛路，金華瞬告淪陷，何氏倉猝中率領自上海淪陷區逃至金華的師生，沿鐵路步行至浙江省的江山縣，再翻越浙閩邊境向有天險之稱的仙霞嶺，沿福建省的浦城縣、建甌縣而到達建陽縣，全是步行，艱辛備嘗。何氏在建陽郊外，覓得了一些祠堂廟宇與民房，先恢復了暨南大學。自上海內遷的師生中有原非暨大者，則暫用東南聯大的名義。不久，教育部下令撤銷東南聯大，何氏籌備期間所費的心血，也盡付東流了。

暨南大學在建陽上課四年，抗戰勝利後，遷回上海，復員工作，仍由何氏主持。那時他的身體已經不好，但是他卻有很多計畫與理想，想將暨南大學辦得更好，常與校中同仁娓娓談及。可是正當他與高釆烈的時候，教育部忽然調他出任國立英士大學校長。他初擬不就，最後迫於情勢，「不得已力疾拜命」❺。可見他的無奈及準備鞠躬盡瘁的決心。

英士大學創設於民國二十七年，初名省立浙江戰時大學，翌年爲紀念革命先烈陳英士，改稱浙江省立英士大學，民國三十二年改爲國立。英士大學設立於戰時，於軍事擾攘之秋，設校於荒

❺ 何炳松打給阮毅成的電報稿，見阮氏〈記何炳松先生〉。

城山僻之地，數度播遷，基礎毫無。抗戰勝利後，空無所有。何氏於民國三十五年七月十日負病接任時，所接收者，祇是一個關防，少數師生而已。不久，他也就長離人間了。

何氏的學術成就，主要在史學方面，他尤其是一位很難得的兼通中西史學的史學家。所譯《新史學》一書，爲中國史學界所譯有關西方史學理論及方法的第一部書。在中西史學交流史上，這是值得大書特書的。此書出版後，對中國史學界所形成的影響，誠如朱希祖所云：「我們現在的史學界，實在是陳腐極了，沒有一番破壞，斷然不能建設。何先生譯了 Robinson 這部書，是很合我國史學界的程度，先把消極的方面多說些，把史學界陳腐不堪的地方摧陷擴清了，然後慢慢的想到積極的建設方面去。所以何先生譯了這部書，是很有功於我國史學界的。」❻在一九一二年魯賓孫的《新史學》在美國問世的時候，曾轟動美國史學界。然此書的譯本在中國所發生的影響，或不下於在美國所發生的影響。此皆非作者與譯者始料所能及。

中國史學界重視社會科學，係受何氏所譯新史學的影響。魯賓孫的新史學，與社會科學有不可分離的關係：

> 《新史學》要脫去從前那種研究歷史的限制。新史學這樣東西，將來總可以應付我們日常

---

❻《新史學》朱序。

的需要。他一定能够利用人類學家、經濟學家、心理學家、社會學家關於人類的種種發明——五十年來的種種發明，已經將我們對於人類的來源、進步同希望種種觀念革命了。五十年來沒有一種科學，無論是有機的或無機的，不受重大的變化，而且有許多新科學增加出來，他們的名字，在十九世紀中葉以前的歷史家亦都不知道。史學這種學問，當然免不了混入這革命潮流裡面去。……

這部書所以叫做新史學的緣故，就是特別要使大家知道歷史不是一種停頓不進步的學問，只要改良研究的方法，搜集、批評、融化新資料，他定能進步的；歷史的觀念同目的，應該跟著社會同社會科學同時變更的；而且歷史這種東西，將來一定能够在我們知識生活裡面，佔一個比從前還要重要的位置。❼

歷史家始終是社會的批評者同指導者，他應該將社會科學的結果綜合起來，用過去人類的實在生活試驗他們一下。歷史家的事業，如此的有趣，如此的廣大，所以歷史家將來一定慢慢的能够專心致志的去研究歷史，將來總要脫離文學的關係。因為歷史家將來的目的，比詩家或戲曲家還要高尚，還有希望。❽

現在研究歷史的人，不但應該急起直追適合自己於一般知識狀況中的新分子，而且應該快

❼ 魯賓孫著，何炳松譯《新史學》，頁一四至一五。

❽ 同上，頁四三。

快表明他們對於各種關於人類新科學的態度。各種新科學，因為利用進化原理的緣故，所以進步得異常的快，而且能夠改正一般歷史家所下的斷語，解除了許多歷史家的誤會。所謂關於人類的各種新科學，我以為最重要的就是廣義的人類學、古物學、社會的和動物的心理學和比較宗教的研究。經濟學對於歷史已經很有影響，至於社會學，照我看來，不過是對於人類的一種很重要的觀擇點，並不是一種關於人類的新發明。各種新的社會科學各去研究人類的各方面，已經將我們許多歷史家慣用的歷史名詞的意義大大變更了——如種族、宗教、進步古人、文化、人類天性等。他們推翻了許多歷史家的舊說，解釋了許多歷史家所不能解釋的歷史上的現象。❾

歷史家和地質學家、物理學家和生物學家一樣，即使沒有工夫去研究各種科學的原理，也不能不利用各種科學家有關係的學說。歷史家不一定要作人類學家或心理學家，才可以利用人類學和心理學的發明和學說。這種發明和學說，對於歷史家可以貢獻一種新眼光和新解釋，可以幫助歷史家矯正了許多謬見，消滅了許多貫澈歷史著作裡面舊的幻想。❿

很明顯的魯氏希望史學能夠經世，「可以應付我們日常的需要」；希望史學家能夠利用人類

❾ 同上，頁五五。
❿ 同上，頁六四。

學家、經濟學家、心理學家、社會學家關於人類的種種發明，以期將社會科學的結果綜合起來，用過去人類的實在生活試驗一下；希望史學與文學脫離關係，認爲史學家的目的，比詩家或戲曲家還要高尚，還有希望。這大致是魯氏的「新史學」，而希望史學家綜合社會科學的結果，是其重心。民國十年以後，在魯氏新史學理論基礎上，北京大學就將政治學、經濟學、法律學、社會學等社會科學，加到史學系課程裡面去了。這就可見何氏所譯《新史學》的影響了。

繼《新史學》之後，何氏又譯約翰生亨利（Henry Johnson）的《歷史教學法》（*The Teaching of History*），班茲（H. E. Barnes）的《史學史》⓫，紹特韋爾（J. R. Shotwell）的《西洋史學史》（*An Introduction to the History of History*），古赤（G. P. Gooch, 1873-1968）的《十九世紀之史學與史家》（*History and Historians in the Nineteenth Century*）。皆譯於何氏服務商務印書館期間。古赤之書，譯本未見問世。其他皆由商務出版。何氏在自序所譯《西洋史學史》中云：

> 譯者竊不自量，嘗思致力於中國史學史之編輯，以期於吾國之新史學界稍有貢獻。唯覺玆事體大，斷非獨力所能奏功。且此種研究為吾國學術上之創舉，尤非先事介紹現在西洋新

⓫ 何炳松未將原書之名列於書端，疑爲某百科全書中有關西洋史學史的一條。

> 史學之名著，不足以資借鏡。譯者近年來所以有編譯西洋史學叢書之計畫，其故蓋即在此。

何氏擬致力於中國史學史的研究，而先從事於西洋新史學名著的介紹，計畫編譯西洋史學叢書，其識見與氣魄，皆令人讚佩。

純粹翻譯以外，何氏又以中國史學與西方史學相比論，其於民國十六年寫成的《歷史研究法》與民國十七年寫成的《通史新義》，都是這方面的代表作品。其序歷史研究法云：

> 吾國史籍，雖稱宏富，而研究史法之著作，則寥若晨星。世之習西洋史者，或執此為吾國史家病。殊不知專門名家之於其所學，或僅知其然而終不知其所以然，或先知其然而後推知其所以然。此乃中西各國學術上之常事，初不獨吾國學者為然也。西洋史家之著手研究史法也，不過二百年來事耳。然如法國之道諾（P. C. F. Daunou），德國之特羅伊生（J. G. Droysen），英國之夫里門（E.A. Freeman）輩，或高談哲理，或討論修詞，莫不以空談無補，見譏於後世。至今西洋研究史法之名著，僅有二書，一為德國格來夫斯法爾特（Greifswald）大學教授朋漢姆（Ernst Bernheim）之《歷史研究法課本》（*Lehrbuch der Historischen Methode*），出版於一八八九年（清光緒十五年）。一為法國索爾蓬

(Sorbonne)大學教授郎格羅亞與塞諾波（Ch. V. Langlois and Ch. Seignobos）二人合著之《歷史研究法入門》（*Introduction aux E'rudes Historiques*），出版於一八九七年（清光緒二十三年）。兩書之出世，離今均不過三十餘年耳。

吾國專論史學之名著，在唐有劉知幾之《史通》（中宗景龍時作），離今已一千二百餘年。在清有章學誠之《文史通義》（乾隆時作），離今亦已達一百七八十年。其議論之宏通，及其見解之精審，決不在西洋新史學家之下。唯吾國史學界中，自有特殊之情況。劉、章諸人之眼界及主張，當然不能不受固有環境之限制。若或因其間有不合西洋新說而少之，是猶譏西洋古人之不識中國情形，或譏吾先人之不識飛機與電話也，又豈持平之論哉？德國朋漢姆著作之所以著名，因其能集先哲學說之大成也。法國郎格羅亞、塞諾波著作之所以著名，因其能採取最新學說之精華也。一重承先，一重啟後，然其有功於史法之研究也，則初無二致。吾國先哲討論史法之文學，亦何嘗不森然滿目？然今日之能以新法綜合而整齊之者，尚未有其人耳。

……

著者之作是書，意在介紹西洋之史法。故關於理論方面，完全本諸朋漢姆、郎格羅亞、塞諾波三人之著作。遇有與吾國史家不約而同之言論，則引用吾國固有之成文。書中所有實例亦如之。一以便吾國讀者之了解，一以明中西史家見解之大體相同。初不敢稗販西籍以欺國人，尤不敢牽附中文，以欺讀者。

是何氏《歷史研究法》一書，本於西洋史家之說，遇有與中國史學方法相通之處，則作比論，以互相發明。其所著《通史新義》一書亦然。是何氏已頗能會通中西史學了。

何氏另著《浙東學派溯源》一書，民國二十一年出版，亦頗有所見。

何氏「生性好靜，交際甚疏」⓬，是一位典型的學者。向使他始終在北京大學任教，以其天賦與學力，潛心著述，在會通中西史學上，必有可觀成績。數任校長，盤根錯節，將他的精力，都消耗淨盡了⓭。

何氏嗜酒，且無量，漏夜著書，伴之者唯酒盈尊，且飲且書，不知疲倦⓮。

夫人曹綠芝女士，金華人。長女淑漣，次女淑馨。

（參考：秦賢次〈何炳松小傳〉，《傳記文學》第十七卷第二期；金兆梓〈何炳松傳〉；阮毅成〈記何炳松先生〉，《傳記文學》第十七卷第二期。此外參稽何炳松主要作品，如《歷史研究法》及所譯《新史學》、《西洋史學史》等。）

⓬ 見何炳松〈一師毒案之回顧〉，轉見阮毅成〈記何炳松先生〉。

⓭ 阮毅成在〈記何炳松先生〉一文中論及此。

⓮ 見金兆梓〈何炳松傳〉（收入《何炳松論文集》，商務印書館，一九九〇年第一版）。

① 見[illegible]
② [illegible]
③ 見向內[illegible]

[illegible]

論、其五相幾何。其所著《西史補正》[illegible]

[illegible]

二、述往

初訪劍橋

距離倫敦不遠的劍橋，以幽靜、優美與具有智慧馳名世界。從喧囂的倫敦出來，坐火車約一小時，即到像是世外桃源的劍橋。參天的古木，如茵的草坪，加上一條蜿蜒的劍河，實在將劍橋點綴得太美了。春天與夏天，整個劍橋都是翠綠的，參天的古木，可能歷經了無數世紀，而仍發新枝；垂柳白楊，處處皆是；舉目可見的草坪，由於不够身份的人不能在上面行走坐臥，變得像一片碧綠的湖水。秋冬之際，草木轉黃，大地蕭瑟，有另外的情調。一條劍河，不像徐志摩所說「是全世界最秀麗的一條水」，卻是全世界最和平與最有靈性的一條水。河寬幾乎一躍可過，沒有驚濤駭浪，文人學者在河邊看倒影，而不怕被浪潮捲去；舟行其中，係用長篙撐舟的原始方法，不愼覆舟，祇添詩意；河水又沿著劍橋大學幾個著名學院流去，於是其靈性出現了。從中世紀建立，有七百年以上歷史的劍橋大學，其學院分佈劍橋全城，幾個特別有名的，像皇家(King's)、三一(Trinity)、聖約翰(St. John's)等，都是在劍河之畔，古色古香的建築與濃厚的學術氣氛，使劍河平添了靈性，整個劍橋也以劍橋大學而智慧洋溢。

一九六二年初秋，我到了幽靜、優美與具有智慧的劍橋，當時翠綠的劍橋，初變顏色，格外迷人，漫步其中，有飄飄欲仙似的感覺，我的兩年劍橋生活，就這樣開始了。

我的學院菲池威廉（初名 Fitzwilliam House，一九六三年後易名Fitzwilliam College）初在城中心，後遷郊外。學院對於每一個劍橋大學的人來講，就像家庭，一個讓你停棲的地方。菲池威廉不是富學院，卻很親切。每周在其中吃三次晚餐，身穿黑袍（black gown），肅穆中邊吃邊談。學院派了一位導師（tutor），指導我的生活。初見這位導師時，完全被他的風采迷住了。他是蘇格蘭人，六十歲上下，英挺的身材，很像電影明星詹穆士史都華。他侃侃而談，態度和藹，令人如沐春風。以後有事找他，無不欣然立予解決。他就是令人敬愛的威廉穆（W. W. Williams）先生，後來二十幾年與我通信不絕。

學院可以住，我爲方便，租屋自住，有機會領略了英國房東太太的威嚴。恰與導師相反，我的房東太太，極端嚴肅，不苟言笑。一見面，就約法三章，不許晚歸，不許浪費，按時交租。我的名字，她發不出 Yun 的音出來，又不肯叫我 Tu 先生，於是就逕叫我 Tu Wei 了！每當 Tu Wei 聲出，立刻要出現在她面前，聲止人到。想起大學畢業時受預備軍官訓練，鳳山教育班長用三十秒時間，緊急集合全隊，其情形頗相似，中外異曲同工有如此。信件來時，由她分發，自取則受深斥（理由是她負責）。規定不能頻頻洗手，洗澡能免去最好，大概由於英國的水費昂貴吧？供應的早餐及部分晚餐，必須吃精光，如有剩餘則什麼世界飢餓一類的話都來了。遇到吃腥羶帶血的羊排，只好硬著頭皮和血吞下去！不少英國人寧願娶北歐老婆或者獨身，其情可原。我住了一年，另租由房東先生管理的新屋，房東先生度量寬宏多了。

學術系統方面，我是屬於東方學院（Faculty of Oriental Studies）的研究生，指導教授（supervisor）是漢學家浦立本（E. G. Pulleyblank, 1922—）師。浦師是唐史專家，對於中國史學也有眞知灼見。當時他主編的《中日史學家》（*Historians of China and Japan*, ed. by W. G. Beasley & E. G. Pulleyblank）一書甫問世，同時與歷史系國家講座教授白特費爾德（Herbert Butterfield, 1901-1979）正在筆墨爭論中西史學的優劣。我這個粗通中國史學的學生出現，他很興奮，命我以趙翼作中心，試探比較中西史學。劍橋大學的制度，指導教授祇能有一位，而且有無限權威，大多釘住研究生不放。浦師規定每周見他一小時，報告心得。有人說劍橋有兩類人物最難纏，一是房東太太，一是指導教授。研究生見指導教授前，往往互祝好運一番，其嚴重情形可見一斑。浦師雖然時時面帶笑容，卻是一位以嚴格出名的人物，英國學生都怕他。我與他兩年中七十幾次接觸，所討論者，無非趙翼其人其學以及中西史學異同優劣的問題。他採用反覆辯難的方式，我提報告，他立刻全面否定，我再舉證答辯，到不用再爭辯時爲止。這是訓練學生最好的一種方式。浦師有時約我去其家小飲，他嗜飲且能飲，洋師母亦能飲，他們認爲日本人酒量好，中國人平平，我以一敵二，多次不分勝負。我的酒名，也就在劍橋不脛而走了。

見指導教授以外，聽課是完全自由的。處在米爾巷（Mill Lane）的上課教室，容許任何人自由出入，講者自講，聽者自來。不耐煩者，中途可以退席，講者最多說一句「他聽不懂！」我除了在東方學院參加 Seminar 以外，便是在米爾巷裡，無拘無束的聽講。當時白特費爾德·克拉克（G. Kitson Clark, 1900—）等名史學家尚在盛年，他們的課，我都去聽。記得有一次白特費爾德約全班數十位學生到他家參加座談，這應當是一次千載難逢的機會。英國國家講座教授的家也眞够大，客廳像一個大會議室。這位平時嚴肅至極的宗教史學家，完全換了另一付面孔，他便裝上場，菸不離口，滔滔不絕，笑聲時起。有人說他論文比書寫得好，座談比正式演講好，大概不錯。這類的大學教授，中外都有。另外印象深刻的是講英國小說史的一位先生，已忘其名，卻忘不了他的精采演講。他上課祇帶幾本小說，不帶任何講稿，分析小說內容，完全顧到社會背景，精闢之極，講詞亦美。最後一堂課時，學生報以熱烈掌聲，掌聲中他精神愉快地離去。

個人讀書，興趣偏向閱讀西方史學史與史學方法方面的書，對我來講，這是一個新園地，具有極大的吸引力。浦師本來對我說，由於我略有基礎，博士學位可以較快拿到。可是我這個祇重理想不切實際的人，偏偏把拿學位放在第二位。心裡不時想，博學多識的傅孟眞先生、陳寅恪先生，還不是留歐多年而不拿學位？於是我對浦師採取拖延應付的策略，自己如醉如狂的進入史學史及史學方法研究的天地。每天絕大部分時間，沉淫其中。屬於自己的書，用紅筆鈎出重要處，以備不時溫習。借來的則作劄記。強烈的佔有慾，使我想擁有所有這類的書，逛書店很自然的變成我最大的享受。劍橋、牛津、倫敦的新舊書店，差不多逛遍。每當買到一兩本渴望已久的書，精神的興奮，實非筆墨所能形容。燈下凝視品量一番，所有的憂愁煩惱都逃得無影無踪了。

負笈異國，內心世界，是一個怎樣的情況呢？這個隱秘的世界，自己不暴露，外人無由詳知。處在優美、幽靜且是世界學術宮殿的地方，按常理講，應當思潮平靜，心情愉快。可是實際上不盡然。當時思潮的紛紜，非寸楮尺墨所能形容。學術上的問題，時時浮現腦際，揮之不去，讓它停留時，思潮卻又離開學術的軌道馳騁。有時一些無聊之想，瑣碎之思，如萬斛泉般，不擇地湧出。心情方面，愉快時少，煩悶時多，常常想到臺北市是全世界最可愛的地方。「遠適異國，昔人所悲」，我是徹底領悟到這句話的眞諦了。

怎樣平靜思潮，愉快心情呢？我寄情於寫信，從師長、同學到教過的學生，都是我寫信的對象。凡旅英所見所聞所感所思，皆向朋友傾訴。當一九六三年十二月二十三日房東先生交到我手上二十四封信件及卡片時，他那奇異的眼光，令我猛然感覺到，我應該稍微收斂了！

寫信以外，就是擴大交遊的範圍了。在劍橋攻治外交史的王曾才兄、研究經濟學的余國燾兄、潛心政治學的程建人兄，都是過從甚密的朋友；友邦積學之士，像研究唐史的麥大維（David McMullen）、醉心《西遊記》的杜德橋（Glen Dudbridge），都稱得上是莫逆之交。師長輩除浦師以外，講學劍橋的鄭德坤師、張心滄師，都將我們去劍橋讀書的學生，當作朋友看待。倫敦方面，雍容儒雅的陳西瑩先生，豪邁好客的陳堯聖先生，親切待人的王家松先生，像是大家長。

而此時札奇斯欽教授、陳奇祿教授適來倫敦大學訪問，易君博、王爾敏、佟秉正、陳鈞、甘立德諸兄亦皆至，一時群賢濟濟。假日至倫敦一遊，聊天、吃中國菜，其樂無窮。聖誕假時，住大英博物館附近的便宜旅館，白天逛書店，看文物，晚上訪友長敍，逆旅孤寂，完全消逝。

一九六四年春夏之交，離開劍橋返國，眼淚盈眶，不禁想起徐志摩的詩句：「悄悄的我走了，正如我悄悄的來。我揮一揮衣袖，不帶走一片雲彩。」

再訪劍橋

一九六四年春夏之交，依依離開劍橋。一九七四年初秋，負笈再訪，濶別十年，恍如老友重逢，說不出的興奮。

別後的劍橋，風景依然，劍河仍然那麼和平、寧靜；河邊的垂柳，仍然那麼婀娜多姿；古色古香的學院，未再添蒼老之色；古木、綠茵，不減風韻。祇是十年前的風流人物，大都星分雲散了，覩物憶舊，情難自已。自己的心情也變了，初訪時是單身，以四海爲家，無牽無掛；再訪時已結婚，內子雅明帶三個孩子在臺北支撐局面，當時稚子才一歲，置身美景之中，而情牽萬里之外，其景其情，局外人應可以想像了。

再訪劍橋，立下志願，不寫任何文章，全神閱讀英文書籍，凡西方涉及史學史與史學方法方面的書，皆窮日夜之力以讀之。自訂上午、下午、晚上三個時間閱讀，各限三小時。上午、晚上在寓所讀，下午在圖書館讀，我多去歷史系圖書館，凡買不到的書，那裡都有，邊讀邊作劄記。

天氣晴朗之日，則外出蒐書，劍橋、牛津、倫敦的新舊書店，差不多逛遍，每次攜數册歸來，頓覺生活內容豐富。有時買到一兩本嚮往已久而實際已絕版的書，精神的舒暢，眞非筆墨所能形容。清代書迷黃丕烈曾每年祭書，我也很想向買到的書拜上幾拜了。

不寫文章，純粹閱讀，是天下最享受的事。這樣的生活，過了半年，幾十本書讀下來，感覺胸中滔滔汩汩，全是學問。可是有一天晚上，突然感覺怎麼也讀不下去了，腦子裡像是有什麼東西在蠕動，家信也不能寫，心想什麼都完了。急著去看英國醫生，醫生量我血壓，說好極，也查不出病來，開了些鎮定劑一類的藥讓我吃。以後有兩個禮拜一點書不看，只看劍河裡的水。情況較好後，上午看書，下午以後休息。後來增加到上、下午看書，晚上休息。如此下來，直到一九七五年六月止，前後共讀了約八十本書，其中三十本係自圖書館借讀，精闢處皆作劄記；五十本自己擁有的，則用紅筆鈎出重要處，以便溫習。沉醉在書中，胸中則不寧靜，西方史學使我茅塞頓開，也使我思潮紛紜，相距遙遠的中西史學，何日暢聚在一起呢？

再訪劍橋，我是訪問學人身份，無拘無束。此時浦立本師已離開，接任劍橋大學漢學教授的是杜希德（D. C. Twitchett, 1925—）先生，他是研究唐史的權威學者，待人親切誠懇，不以學驕人。我這個學界小兵，受盡禮遇，也益使自己不敢懈怠所學。白特費爾德教授已做了副校長；以研究英國都鐸王朝（Tudors）歷史及寫《歷史的訓練》（*The Practice of History*）一書而馳名的艾爾頓（G. R. Elton, 1921—）教授，則正值盛年，有時去聽他的課，得益甚多。文學方面的課，偶而聆聽一番，藉作調劑。

導師威廉穆先生已自非池威廉學院退休了，他知道我再來，特自蘇格蘭家鄉趕來劍橋，請我大吃一頓。當時他已七十三歲，仍然很英挺，精神奕奕，據說他能自己蓋房子。從一九六四年我離開劍橋，到現在爲止，二十五年來，每逢聖誕節，威廉穆先生都親手寫一封代替聖誕卡的信，備致關懷之意。先總統 蔣公辭世，他專函悼念，且憂及臺灣前途；我去香港教書，他懷疑如何在那麼繁忙、擁擠的都市做研究工作（其子曾在香港服兵役）；我送他一幅複製的中國畫，是畫漁夫釣魚水濱的，他欣賞極了，掛在客廳，視爲珍品，來信時常提及，秀才人情，想不到有如此效果。現在即將九十歲的威廉穆先生，仍然不忘記我這個「蠻邦」學生，令人對蘇格蘭人不禁起無限的敬意。

鄭德坤師離開劍橋，去香港中文大學講學了，吳協曼兄則來此任教。協曼兄是散文家陳之藩教授所盛稱的「今之古人」，正直，待人熱誠，其夫人柯翼如女士極健談，又做一手好菜，尤其做水餃、餡餅、鍋貼拿手，以致我常是座上客。寂寞之時，飢餓之頃，即去吳府，大食暢談。有時談至深夜，協曼兄驅車送我回家，翼如一定陪車。其情其景，令人懷念不已。

好客的馬潤庠教授來客座，游復熙兄任教生化系，齊益壽、趙國材、歐陽承新諸兄又都在此，偶而相聚，大解旅中孤寂。

倫敦方面，昔日老友，大半星分雲散，而適時有「小杜」之稱的學友杜正勝來，他在倫大攻讀，租屋自居。我去倫敦，一定下榻其處，唐人街吃中國菜，四處逛舊書店，是兩大令人興奮的節目。正勝不講享受，不看電影，惟以讀書、買書爲樂，連學位都視如敝屣。唐人街吃中國菜，是我的主意，他吃什麼都可以，喝酒則淺嚐即止。看起來我這個人人直呼的「老杜」，應當與他換換大小了。歷史上的「小杜」，那有那麼清純呢？

走熟了劍橋到倫敦的路，劍橋的大街小巷，林邊水畔，尤其徧留足跡。放假之日，讀書疲倦之時，無目的的散步，精神上出現不同的境界。有時感覺海濶天空，精神無限舒暢；有時感覺天蒼地茫，像是淪於日暮倒行之客；學術上的使命感，於天朗氣清時湧現；雨霧來時，則又覺自己渺小像螻蟻；雪中信步，最歡暢；風中疾行，最凄切。讀崔衛林(G. M. Trevelyan, 1876-1962)的〈散步〉(Walking)一文（見崔氏所著 *Clio, A Muse and Other Essays*, 1913），於心有慼慼焉。

一九七五年六、七月之交，我離開劍橋返國。初訪時離開，熱淚盈眶。此次離開，未再流淚，祇覺茫然。一再訪劍橋，我帶走些什麼呢？

一九八三年到一九八八年之間，我又四次訪劍橋，統稱再訪，也無不可。有人說劍橋像嫵媚的少女，我大概被這位少女迷住了。

一九八三年九月，我帶大兒宗騏赴英讀書，他申請到伊里（Ely）的皇家學校（The King's School），讀中四，相當於我們的高一。伊里離劍橋不過一劍之地，我們下飛機後，即坐 Coach

直奔劍橋，又將十年不見，劍橋的柔美，仍然令人心醉，連大兒也稱讚不已。劍橋的人口，顯然增加，熱鬧很多。逛書店時，與大兒約定會面時地，他迷戀唱片行，我對書的感情不變。相見時，各有斬獲，自然英鎊也就不翼而飛了。「自王播、元載之禍，書畫與胡椒無異，長輿、元凱之病，錢癖與傅癖何殊，名雖不同，其惑一也。」這恐怕是千古難解之惑了！

伊里的皇家學校，學生食宿皆在其中，課業重啟發性，管理柔中有剛，非常理想。大兒在那裏讀了三年，女兒宗蘭、稚兒宗驥相繼往讀。昂貴的費用，也讓人有付出代價的感覺。一九八五年聖誕節，趁大兒、女兒同在英國之時，偕內子孫雅明及稚兒飛英倫團聚，倫敦、劍橋、伊里三地穿梭而遊，最喜歡的仍然是劍橋。

一九八七年一月帶大兒再遊英倫，一九八八年七月與雅明飛伊里將稚兒接回香港，每次必去劍橋一訪。從一九六二年起，近三十年之間，六訪劍橋，不厭反復，也眞有些令人不解了？

「風景不殊，而人物已杳」。近三十年間，劍橋人物，新陳代謝，主持漢學研究的浦立本、杜希德兩教授，已先後去美洲另闢天地了；與浦立本教授爭論中西史學優劣，且是劍橋風雲人物的白特費爾德教授，已溘然長逝人間了；「今之古人」的吳協曼兄，已眞作古人了。人物代替如浪潮，再訪者自不禁潸然而淚下了！（倫敦方面，同年好友甘立德兄也帶著他的文釆與理想而永埋九泉。立德兄性情豪邁，揮筆論政，每有卓見，且好吟誦。八五年到倫敦時，常相聚首，至今思之，已成夢幻。）

「風景不殊」，也不盡然。劍河邊的垂柳，有幾棵已枯萎待斃了（在皇家學院後面靠橋邊的）；皇家學院到大學圖書館（University Library）之間的參天古木，有的已升天不見了；人口的增加，多少破壞了寧靜；新建築物的出現，使中世紀的氣氛漸減；穿黑衫的劍橋學生，也不常出現在眼簾，劍橋的傳統，是否將消失？

昔日同學麥大維兄現在已是劍橋東方學院的臺柱人物，去年與內子一同去看他（他曾在臺灣參加過我們的婚禮），他熱誠招待，同時說：「下次來，請你們到學院吃飯。」看來，我眞是劍橋的老訪客了！

陳之藩教授數月前來信說：「我問過胡適之先生，『胡先生，五大臣出洋，是誰給的錢？』他們那時戲稱北大那五個領頭搞五四運動的人曰『五大臣』出洋。」（一九八八年十二月十八日來信）這是最好的一問。

那麼我一再訪劍橋，又是誰出的錢呢？頭兩次是國家科學委員會（初稱國家長期發展科學委員會）出的錢，當時我一貧如洗，那有閒錢留學？後幾次是靠自己樽節以及香港大學補貼的，香港大學待遇優厚，且常送免費飛機票，以致我就充分利用了。

我是一個喜歡走舊路的人，也很想到老同學的學院痛吃一頓。今後省吃儉用如何？

一九八九年三月寫於看山樓

謙虛博學的劉壽民師

四十年前，在我初讀臺灣大學外文系的時候，西洋通史課堂上，出現一位英俊瀟灑，笑容滿面的老師，年齡看上去，不超過四十歲。細問之下，他就是鼎鼎有名的歷史系主任劉壽民（崇鋐）教授。當時他已五十三歲，課堂上表現出來的，卻盡是青春活力，工整有力的字體，清晰響亮的聲音，以及屢屢發出的史學雋語，讓人感覺前程一片光明。課程的內容，極爲豐富，可是由於外文系同學史學訓練不够，加上壽民師講課有些重複，以致班上同學，不十分能接受這門課。在我八年的臺大學科分數上，西洋通史也創下最不光彩的記錄（體育分數除外）。

讀了兩年外文系，民國四十一年秋天，轉讀歷史系，選了壽民師的「西洋近古史」及「西洋史學名著選讀」兩門課，前者使我對意大利文藝復興時代人文主義者（humanists）的智慧與生活，留下最深刻的印象；後者則使我進入西洋史學的門牆。壽民師以美國史學家奈芬司（Allan Nevins, 1890-1971）的《歷史入門》（*The Gateway to History*）一書作教本，全部打字油印出來（當時沒有複印技術），供同學細讀，壽民師也差不多從頭到尾講解一遍，純熟的英語，鏗鏘有力的聲調，以及扼要的疏解，一年之中，使我受益極大，西洋史學的美富，出現眼簾，歡欣鼓舞之情，眞非筆墨所能描述。

臺大畢業後，鳳山受了一年預備軍官訓練，再入讀臺大歷史研究所，那已是民國四十四年秋天，與壽民師的接觸頻繁了。壽民師所授大一西洋通史，由於人數過多，改考卷的工作，交給了我。分數的高低，也完全由我決定，不加任何干涉，這非有瀚海之量做不到。我從小讀書，喜爭分數，深知分數對學生的鼓舞性，代老師改考卷，大膽採用了高分制，天文數字的分數，壽民師看過後，笑一笑說：「成績很好。」沒有一絲不同意的表情。易地以處，我就沒有這種度量。

民國四十六年秋天，我被聘爲歷史系助教，在系主任辦公室幫助辦理系務。當時一切清簡，是沒有什麼系務的。到能幹出名的陳捷先兄也被聘爲助教時，我就變成標準的垂拱而治的助教了。辦公室川流不息出入者，是來聊天或借書的同學。壽民師有時故意避開，我像是當起系主任來了。如此者五年，一直到民國五十一年赴英留學爲止（民國四十八年改聘講師後，我仍留在系主任辦公室中）。在此期間，我體會到首長不能做，做起來必然上癮。區區一助教，讓自己有醺陶陶的感覺，何況盤據其他的大位？幾十年來，應酬最多的時期，是做助教的幾年，說起來誰能相信呢？當今又到那裡尋覓那麼寬容助教的系主任呢？

臺大歷史研究所讀了四年，民國四十八年六月畢業，碩士論文題目是「清乾嘉時代之史學與史家」，由李玄伯（宗侗）老師指導，口試委員校外是蕭一山、祁樂同兩先生，校內是玄伯師和壽民師。一山先生是清史大家，他問了很多問題，有的我可以回答，有的答不出來，爭論性的問題，我又無勇氣據理力爭（如一山先生說顧亭林是經學家而不是史學家，即是富爭論性的），以致一場考試下來，成績並不十分理想。很少發言的壽民師這時說話了：「我們系想留杜先生（壽民師習慣稱學生輩爲先生）做講師，希望分數好一些。」一山先生接著說：「這篇論文從批評考據學的角度，論乾嘉史學，整體來講，是深爲可取的。」謙虛爲懷，愛年輕人如子弟的祁樂同先生也呼應一山先生的意見，分數自然大幅上揚了。這一段往事，說明壽民師對我的寵愛，也說明當年臺大歷史系老師的寬宏大量。因爲當年臺大歷史系是歷史考據學的大本營，與中央研究院歷史語言研究所相呼應，我從批評考據學的角度，論乾嘉史學，應是犯了大忌。可是從指導教授到系主任，到看過論文的老師，從沒有出現一絲介意。這是學術上的寬容，舉世所少見的。沐浴其中，有無限舒暢之感。

研究所畢業後，主持中央研究院歷史語言研究所與近代史研究所的李濟之（濟）與郭量宇（廷以）兩先生，盛情相邀，向壽民師報告，壽民師說：「留在臺大教書好了。」我這執教鞭的工作，就此開始了。

教了三年書，壽民師、沈剛伯師與姚從吾師都認爲我應出國深造，接受西方知識。他們幫我申請到國家長期發展科學委員會（後改稱國家科學委員會）的補助，於是於民國五十一年九月啟程赴英，進入劍橋大學深造。壽民師並親到臺北機場送行。送行場面，意想不到的熱烈，從老師、同學、學生到一般親友，七、八十人熱情的擁至機場，我有受寵若驚的感覺。以後數十年中，出國不知多少次，從不再出現這種場面。有時三、五好友送行，有時祇家人送行。出國的次數多了，待人的熱誠減了，人人繁忙了，這種禮貌的場面，自然就冷清了。

機場上壽民師囑我航空寄一本卡耳（E. H. Carr）的新著 *What is History?* 以作開學後「西洋史學名著選讀」一科的新教材。壽民師選教材，永遠是 up-to-date 的。卡耳此書，出版不到一年，好評如潮，於是就被壽民師選中了。我到英國後，第一件事就是購寄此書，不久也收到壽民師的來函：

維運同學：今日十二月九日，距
閣下出國之日，整整三個月，臺北機場送行，宛如目前，而今
閣下在劍橋過用心讀書之規律生活，鋐則於參加聯合國文教組織十二屆大會之中，抽暇週末來比京，此刻清晨在旅舍寫信，眞非三個月前想像得到。惜匆遽出國，功課久曠，會後又將去美國省視兩兒，不克至英國一行，與
閣下及王君把晤（英法甚近，但中國人入英境，visa麻煩，申請需早辦，鋐想及已太遲。）
惠贈 Prof. Carr 論史學之書，迅速寄到，正好應用於史學選讀之課，感謝之至。又承

惠函（十月十二日），詳告在劍橋讀書情況，學業日進，至感欣羨。趙甌北之史學，閣下雖曾作研究，然以與西洋史學作比較，想可得若干新看法，且可如　閣下所言，節省閱讀中文材料之時間，以涉獵西洋史學典籍，鋐以為甚是得策。鋐於十一月四日離臺北，今已一個月有餘，系中最近狀況，恐需詢問陳君捷先，孫君同勛。鋐可告者：㈠許君倬雲自美回臺，在史語所從事研究，在臺大兼課，授研究生「研究實習」，作一種基本訓練，想很可俾益同學。㈡東亞學術計畫委員會特聘之韓國史客座教授孫君，係旅韓之華僑，生於韓國，原籍山東，是一位年輕有為的學者，頗得學生願從他學韓典韓國史。㈢張貴永先生與鋐同至法國參加聯教大會，他是代表，參加計畫委員會（鋐祇是顧問）。㈣沈剛伯先生接受新加坡大學考試校外委員之聘，至該地作二三星期之訪問，或已遊畢返校（曾有人言，十一月裏，臺大西史教授走空）。㈤李玄伯先生仍病在醫院，熱度未退，同人頗以為慮。所任中國上古史課，本年暫停，四年級生由夏卓如先生指導讀書，另一課「中國古代社會研究」由許倬雲君幫助指導。

在巴黎每日開會，參加團體活動，幾乎終日不得閑。此刻在比京旅舍，靜中寫此三頁，如與　閣下面談，甚感愉快，但已屆七時，又當準備出發，祇有停止。祝候

學佳

劉崇鋐敬啟　十二月九日

王君增才同此

（原信附後）

這是我從壽民師遊數十年所收到的唯一的一封信，洋洋近千言，而且是從比利時京城寄至劍橋的，所以彌覺珍貴。信中充分表現出壽民師整個精神傾注於臺大歷史系，而且給學生寫的近千言的長信，未塗改一字，足證其凡事認眞的態度。至於其書法的優美整潔，則其餘事了。

壽民師曾任清華大學歷史系主任近二十年，民國三十九年一月起，接任臺大歷史系主任，民國四十六年二月，又兼臺大歷史研究所主任，任職到民國五十二年七月，前後主持臺大歷史系及歷史研究所者十四年。在此期間，是臺大歷史系所的黃金時代。教授陣容，有沈剛伯、姚從吾、李玄伯（宗侗）、夏卓如（德儀）、勞貞一（榦）、方杰人（豪）、張致遠（貴永）、徐子明諸大師。剛伯師學兼中外，尤精通中西古代史學，瀟灑的演講，聽眾皆爲之傾倒。從吾師是遼金元史的權威學者，迄今無人能代替其地位，所授歷史方法論，是近代新史學的開端。玄伯師治中國上古史，卓有成就，所作古代社會的比較，尤其膾炙人口。卓如師是講授中國通史最受歡迎的老師，內容豐富，條理淸晰，聽者爲之動容，其精研則爲明淸六百年的歷史。貞一師治秦漢史，享譽國際學壇，當年已發表見解獨到的論文數十篇（今則逾百篇矣），講授秦漢史與魏晉南北朝史時，精論迭出，給諸生啟發最大。杰人師是治中西交通史的大家，所蒐資料之富，與用力之勤，令人無限傾服。致遠師博覽西史群籍，西洋史知識的豐富，無人能出其右，所編譯《西洋通史》（據 H. A. L. Fisher 的 *A History of Europe* 一書編寫）一書，文字優美，內容精闢，一時傳誦不已。子明師有極爲倔強的個性，也對中西歷史有極爲精到的看法。這些大師，聚於一堂，是學林的盛事，像是北京大學、清華大學、中央大學的精英都到齊了。使他們和諧相處，各獻所學，負領導之責的壽民師具有關鍵性，他尊重每一位，稱頌每一位，自己居於服務的地位，以致就祥和一片了。諸師又皆不汲汲於名利，沒有人是想當「學術明星」的。著述僅其餘力所及，其精神完全用在學生身上，課堂上、走廊裡、研究室中，授業解惑，從無倦容。有時同學們到老師家去坐，青田街、溫州街的教授宿舍，木屋竹籬，推門可進。當時老師的門永遠是爲學生開著的，不用先約，興至即去。健談如剛伯、玄伯、卓如諸師，可能與你傾談至深夜（剛伯師溘逝已十年，師母曾祥和女史仍歡迎學生輩到家中長談）。從吾師則最歡迎學生到他研究室中談學問，他也整天坐在研究室中。這是一種傳統的溫馨的教育，數十年以後的今天，已不見其影子了。可是它是最能培養眞人才的，所以當時系中無事，也很少開系務會議，而新的史學人才卻頻出。比起當今系務會議頻開，動輒用投票解決紛爭的情況，令人有隔世之感！

壽民師的謙虛，是一般學者所難比擬的。他不時推崇系中教授在各領域的成就，自己則永感所學不足。對於學生，或任何人，無不虛懷若谷的以禮相待，從沒有系主任的架子，實際上他已做了幾十年的系主任了。學生迎新會上，往往勉勵諸生，作註腳（footnotes），第一，爭顯赫（headlines），第二，從學術的謙虛，引導諸生入門。民國四十四年九、十月之間，一次歡迎研究生及大一新生的聚會上，一位大一學生傲氣十足的站起來說：「我們生值新時代，要寫新史，燒掉二十五史！」當時我是研究新生，聽此言後，心想又一個秦始皇出現了！新史應寫，何必燒掉舊史？舊史燒掉，新史又從何寫起？壽民師聽此言後，仍然保持笑容，未下任何評語。他的謙虛，已化成極度的寬容了。

在教學與著述態度上，尤其可以看出壽民師的謙虛。壽民師教過很多課，對於任何一課，他都認眞的準備，舊課年年作新的準備。「昔日之得，不足以爲矜，後日之成，不容以自限。」（《亭林文集》卷二〈初刻日知錄自序〉）顧亭林的這種謙虛治學的態度，用在壽民師的教學上，是極爲適當的。壽民師的著述態度，尤其充分表現出他的謙虛。「他是一位『完美主義者』，他的用功之勤和涉獵之廣，均令人嘆服。他讀書和找材料時所做的卡片，一筆不苟。他也寫過若干東西，但發表或印行的極少。據說，他因爲對自己要求太嚴（甚至可以說是過嚴），以致在寫完了，看了又看，最後還是扯掉。他這一種如果不能作成『名山』之業，便索性不要留傳的做法，造成史學界不可彌補的損失。」（見中國歷史學會主編《中國歷史學會會訊》第三十六期當代史學家簡介欄王曾才作〈劉崇鋐先生〉）王曾才教授的這段描述，甚爲眞確。壽民師要求完美，時時感覺自己的著述不完美，謙虛如此，以致他的著述便不傳了。他曾寫過一些書評，散於各學報、雜誌，有待蒐輯，講稿也偶有留傳，如〈林肯總統——民主的戰時領袖〉（見《民主評論》第十一卷第九期，民國四十九年五月五日出版）即其一。

壽民師的謙虛如此，由其謙虛，到其博學，是可以理解的。他在西洋史方面，可以稱得上博學。從歐洲史到美洲史，從通史到某一世紀的歷史，他都博涉精研。他可能是開西洋史課程最多的一位老師。當一門新課開出後，這方面的新人出來，他便讓賢，另開新課。如此輾轉，他的西洋史知識，自然極爲淵博了。

壽民師身體一向健康，走路都是快步。從青田街寓所到臺大，他用腳踏車代步，有時帶師母來學校。腳踏車被偷很多部。師母仙逝後，他身體即衰。不幸於民國七十九年三月二十一日溘逝，誕生於清光緒二十三年（一八九七年）八月七日，享年九十四歲。

維運同學：今日十二月九日距
閣下出國之日整整三個月，台北機場送行宛如目前，而今
閣下在劍橋過用心讀書之規律生活，餘則於參加聯合國
文教組織十二屆大會之中，抽暇週末來比京，此刻清晨在
旅舍寫信，真非三個月前想像得到，惜如遠出國功課久曠，
會後又將去美國看視兩兒，不克至英國一行，與
閣下及王君把晤，（英法甚近，但中國人入英境簽證麻煩，申請需早辦，
餘想反已太遲）
惠贈大著論史學之書，因速寄到正好應用於史學選讀
之課，感謝之至，又承
惠函（十月十三日）詳告在劍橋讀書情況，學業日進，至感欣慰，

趙甌北之史學 閣下雖曾作研究，然以與西洋史學作比較，

想可得若干新看法，且可收 閣下所言節省閱讀中文材料之

時間，以涉獵西洋史學典籍。儂以爲甚是得策。儂於十一月廿日

離台北，今已一個月有餘。系中最近狀況，恐需詢問陳君捷先

孫君同勛。儂可告者：(一)許君倬雲自美回台，在史語所從事

研究，在台大兼課，授研究生「研究實習」，作一種基本訓練。

想很可俾益同學。(二)東亞學術計劃委員會特聘之韓國史研究

教授孫君，係旅韓之華僑，生於韓國，原籍山東，是一位年青有爲

的學者，頗得學生歡迎，並教韓文與中韓國史；(三)張貴永先生與儂

同至法國參加漢學大會，他是代表參加計劃委員會；(儂祇是旁聽)

(四)沈剛伯先生接受新加坡大學考試校外委員之聘，至該地作二三星期之訪問，或已畢返校。(曾有人言十二月來台，台大西史教授未定)(五)李玄伯先生仍病在醫院，熱度未退，令人頗以為慮。所任中國上古史課，本年暫停。四年級史由夏卓如先生指導讀書。另一課中國古代社會研究由許倬雲君幫助指導。在巴黎每日開會，未加周作活動，我乎終日不得閑。此刻在比京旅舍靜中寫此三頁，以與閣下面談，甚感愉快，但已屆七時，又需準備出發，祇可停止。祝

安佳

王君增才同此

劉崇鋐啟 十二月九日

古道熱腸的吳協曼教授

認識吳協曼教授，大約是在一九六七年的春天，當時他被劍橋大學東方學院請去作講席，我從劍橋回來不過兩年，講學劍橋的張心滄師又來臺大外文系客座，於是就由易君博兄介紹，四人在我家會面。處於溫州街的寒舍，榻榻米式，很小，四人一坐，就有人滿之患。偏偏四人皆木訥，心滄師兩手直搓，君博兄笑而不語，我不知語從何起，記憶中先開口的是協曼教授，說的也是一些不著邊際的話。斗室之中，場面的冷清，令人難以想像。後來協曼夫人柯翼如女士稱之爲「四木相聚」。

一九七四年初秋，我再去劍橋，與協曼教授便成了莫逆之交。他見面先約法三章，不許稱「先生」，不許稱「教授」，也不必稱「公」稱「兄」；其夫人是臺大會計室小姐，專管發錢，我對她敬而畏之，她直爽的說：「我也沒權了，也不必尊敬了。」於是「協曼」、「翼如」之聲盈耳，很有親切、清爽之感。

翼如健談，協曼熟了話也不少。一九七四年到一九七五年我在劍橋這段時間，相約每週最少見面一次，往往談到深夜，所談者從天下大事，到生活細節，無所不包。一再重複處，是重心所在。大凡協曼講眞理，重道義，熱愛國家民族，痛恨勢利之徒，投機之輩。詞氣激昂時，全室爲之凛然，正義像是再臨人間。我們這個時代，這樣認眞的人，似乎不多。

協曼對於朋友，尤其眞誠，朋友之事，視如己事，朋友之憂，視如己憂。我與他相交二十年，知之甚深。一九八七年一月去劍橋看他，當時我已決定辭離香港大學，返國任教，祇是未決定去何處（相約者不僅一處），他毫不留情的說：「你還在挑剔？有一處就不壞了！」這眞像霹靂雷聲，使我驟然驚醒！祇有眞朋友才肯出此逆耳之言。時過兩年，其言應驗。我在國內教書二十幾年，去國十年，再回來卻作客卿。命中一生作客，原本正常。想到老朋友關心的誠意，自興無限愴涼之感！

協曼對於朋友的眞誠，祇能用「古道熱腸」四字來形容。相信他的朋友，都能同意。陳之藩教授就說他是「今之古人」。在人心不古的今天，他是眞有古風的一位。

協曼喜吃麵食，翼如做麵食拿手，所做水餃、鍋貼、餡餅，樣樣味美無比。凡是從臺灣去劍橋訪問的學人，或者負笈的學生，很少不是吳府的座上客。洋飯吃久以後，品嚐之下，很驚訝世間尙有如此的珍品。我有一次吃四十八個水餃的記錄。我說：「太好吃了！」翼如說：「你太飢餓了！」

劍橋大學聘請協曼作講席，是値得大書一筆的。一位沒有留過學，沒有得過顯赫學位的人，被世界第一流大學延聘，罕有前例。協曼在國內以教英語爲主，從電臺廣播，到任教師大附中、師範大學，都以其字正腔圓的英語，享譽學林。其國語尤標準，帶有水音的北京腔，令人艷羨，以致在主持師大國語教學中心時，英國人發現了他，於是就被禮聘去劍橋教中國語文了。初去時，是 lector 的職位，臨時性質。稍後，主持漢學研究的杜希德 (D. C. Twitchett, 1925—) 教授，欽佩他的爲人與學養，提升他爲 university lecturer 。在英國大學裏，這差不多是一個到頂的職位，因爲 professor 與 reader 是極少數的。教中國語文以外，協曼也教中國文學方面的課，他也廣蒐資料，傾力在中國語文與文學方面，作深入研究。作品沒有寫成，由於他的愼重。他反對一般速成的作品，一定要做到無遺憾，於是學術界就看不到他的作品了。

協曼本來是運動健將，不運動後，身體即衰。糖尿病、高血壓一起來。在劍橋，他差不多是帶病上課的。也帶病陪朋友聊天，遊劍橋、遊倫敦。熱誠與運動的底子，使他能支持下去。一九八五年聖誕節，與內子孫雅明去看他，當時他的病已不輕，仍然談笑風生，並親自開車送我們去劍橋火車站，看著我們離開。這樣熱誠的朋友，不幸在一九八七年的春天，竟與世長辭了。

協曼辭世以後，其生前好友發起編輯紀念文集，以留其學人風範及作育中外英才的貢獻。我寫此文，略言其眞誠的一面。至於他的文學見解與溝通中外語文的成就，留待他的同道朋友及門人詳述。天下甚少這樣眞誠的朋友，雖然他走了已兩年，仍令人思念不已。

李大哥

民國三十六年當我高中畢業的時候，在濟南曾考取財政部直接稅局。這一年的秋天到任，住在山東師範學院學生宿舍裏，爲了不失學生本色與抽閒旁聽課，所以這樣決定。當時同室者七人，其中一人年齡約大十五、六歲，中等身材，聲音低沉，走路緩慢的，就是人人尊稱一聲的李大哥——玉燦。他低沉的聲音中，很有感人的力量，談至激昂慷慨處，聲音突然宏亮，直破屋宇；他尤其關心別人，對於同室每一位，皆備悉其生活細節，對於我這位不速之客，尤致關注，我的身世、人生觀以及對前途的計畫，他都探其詳，同情的眼光，直逼著你。以致在很短的時間內，他就變成我的莫逆之交了。同室中晚上常有「捉大頭」的節目，被捉者出錢買零食，一起大嚼。說也奇怪，我的收入最好，常被捉到大頭，同室諸位，大飽口福之餘，對我這位客人，最爲歡迎。以後幾十年，我四海飄流，也就變成最會做過客的人。

李大哥是念國文系的，愛國與反共，是他的生命哲學。當時中共倡亂，大陸局勢急驟逆轉，左傾學生，到處掀起學潮，我們這位李大哥，氣憤填膺，口誅筆伐，決不留情，隱然間變成了右派學生中的領袖人物。我這個大右派，與李大哥完全投了緣，每談及國家大事，言論如出一人。這就決定以後共同追隨政府，天涯飄泊的命運。

我任職直接稅局，祇是手段，不是目的。不滿二十歲的人，怎能以稅吏作爲終身事業？工作餘暇，我沒有一日不作考大學的準備。民國三十七年夏天，山東大學在濟南招生，我報了名，結果考取外文系，雀躍之餘，向直接稅局辭職，局長高奇先生對我說：「爲了本局，我不放你走，爲了你的前途我不強留你。你還年輕，好好讀書。我多發三個月的薪俸，作你學費。」局長的盛情，令人感懷不已。我任職不到一年，升了三級，從實習助理員，升到稅務員。局長欣賞我報表沒錯誤及所擬文稿精簡。一旦離職，我自己也有依依之感！一年節餘及多出的三個月所得，買一些金飾以外，還盈餘金元劵兩千元（約合銀元千元），足够維持讀四年的大學了。

可是好事多磨，正要坐飛機飛青島（山東大學所在處），濟南戰爭發生了，中共以大軍猛攻濟南，激戰八晝夜，濟南淪陷，飛機停飛。我於戰爭發生時，避到朋友家。戰爭結束後，到師院宿舍找同室好友，皆失去影踪了。我一人於是坐馬車東去青島，到中途濰縣，被共軍扣留一月，不得再東去，不得已重返濟南，從濟南南下，回到濟寧家中。

而李大哥適時抵此，他見到我，歡喜若狂，同時語氣堅定地說：「追隨政府，繼續南下，不能留此！」於是二人聯袂離開濟寧輾轉南走。此時徐蚌會戰已經結束了，長江以北，全是共軍，南下之人，皆被檢查。記得是在蘇北某地，我二人被一共幹帶至一小屋中，此一面目猙獰的共幹，不問一句話，就拿起木棍來痛打。「送你們回老家去！」是他唯一的語言。李大哥疾叫，我堅忍不出聲。打完後翻我們的東西，在我的包袱裏，翻出一枚二錢重的金戒指，那是我帶出的兩枚金戒指之一。共幹看到金戒指，神祕地放入懷中，立刻罵道：「滾蛋！」不再送我們回老家了，於是我們得救了。一枚二錢重的金戒指，救了二人的性命，這是不是神明冥冥中在佑護我們呢？

長途跋涉，歷盡艱辛，李大哥和我終於抵達南京，那時已是民國三十八年元月，南京的局勢，風聲鶴唳，而我那價值一千銀元的兩千金元劵，已差不多變成廢紙了。由頗富變成赤貧，心中祇有木然的感覺，繼續南奔，則是最緊要的。在南京停約兩周，李大哥和我到達杭州。當時杭州麕集了很多山東流亡學生，李大哥遇到山東師院的老同學，他隨他們經福建奔往廣州去了。我則加入了山東第五聯合中學轉往江西上清宮、張天師的所在地。在那裏曾經上過課，而渡江的共軍，飛馳南下，國軍不戰而走，江西省陷入中空狀態，交通斷阻。我們五聯中的師生兩百人，不得已徒步千里，經贛南山區，往廣州方向逃奔。披星戴月，不舍晝夜，疲倦則路邊躺臥，飢餓則往民家乞食。那是一幅淒慘的青年學生流亡圖！而最令我不忘的，是在二十幾天的乞食中，沒有一次是被民家拒絕的，都是飯菜放好，讓你飽食而去。我頓時對江西人留有最好的印象，也覺悟到中國的富庶與文明南移了。若在山東省，那有這種可能呢？

到達廣州時，是民國三十八年六月。李大哥也自福建來到廣州了。現在馳名國際的針灸大醫師黃維三黃大哥（當時是山東師院史地系學生）也自湖南來此。三人見面，恍如再世，即同住在一個中學裏，每日以洗臉盆煮大白米飯，甘之如飴。廣州當時爲政府重地，行政院在此，而形勢岌岌可危，人心惶惶，五聯中的同學，與山東各聯中的學生約八千人，到澎湖去了。我與李大哥、黃大哥考取了自東北播遷來廣州的長白師範學院。留廣州三個月，隨長白師院赴海南島府城，在那裏，學校復了課，弦歌之聲，與海島對岸的隆隆砲聲，遙相呼應。八月中秋節是在那裏過的，我把唯一儲存的一枚金戒指賣掉，拿出一些，請李大哥、黃大哥吃小館，一壺酒，幾碟小菜，吃來津津有味。一向喝酒油滑的黃大哥，差不多是喝醉了，這是永遠忘不了的一幕，南海之南，椰林之中，三人歡飲，忘卻憂愁，人生有幾回哉？

長白師院是全國惟一始終追隨政府的大學，其反共精神，是値得大書特書一筆的。遷校海南島期間，神州陸沉，反共精神則益盛，遊行，貼海報，大聲疾呼，無畏無懼，海南島民心士氣，爲之一振。《中央日報》於此時舉行「確保海南論文比賽」，我寫了五千字的〈怎樣纔能確保海南〉一文投去，結果大出意外的取爲第一名，這是我的處女作，對我來講，是極大的鼓勵，領了十塊大頭獎金，則是更令我歡欣鼓舞的。文章登在《中央日報》上，我提出的十大確保海南策略，結果沒有什麼用。海南島不久陷落，長白師院也東遷臺灣，在政府指令下解散。

到臺灣，是民國三十九年六月。李大哥、黃大哥分發到臺灣師範學院國文系及史地系，我考取了臺灣大學外文系，長期飄流，暫時得到安定。一貧如洗，則是不能掩飾的事實。我們想找兼差，一天看到報上，臺大醫院招考掛號員，心想機會來了，於是與李、黃二大哥去報考，第一堂考下來，三人很滿意，因爲考的是應用文一類，自然難不倒我們；第二堂考下來，三人就不再考第三堂了，考什麼臺語會話，幾十分鐘，三人呆若木鷄，無言以對，那還有考取的可能。此事幾十年後，每再提及，三人仍相視大笑。當時的狼狽，可見一斑。

大學畢業後，黃大哥做了針灸良醫，李大哥先後到樹林、三峽中學教書，我則留在大學，與書卷爲伍。假期中，樹林、三峽是我常去的地方。李大哥對我研究的情況，關心備至。我每寫一篇文章，出一本書，他都從頭讀到尾，興致來，即提筆寫長評（不發表的），自然盡是佳評，李大哥對我已到了溺愛的程度。《史學方法論》尤其是他最喜愛的一本書，每見面，即提此書，我也感覺此書該爲老朋友作一次大翻修了。

李大哥的身體，一向很好。從去年六月起，食道感不適，不意竟是絕症。一兩個月前，他住在醫院裏，多次去看他，雖然感覺情況不好，卻沒想到遽而溘逝，我與黃大哥又適在北美洲度假，臨風一哭，可勝慨哉！

李大哥不是大人物，卻代表人性的光輝。他以愛待人，心目中經常縈繞著一群人，凡念之所及，即走往訪問，不問道路的遠近。三峽鎭教書幾十年，幾乎全鎭都知道這位李老師。學生愛他相愛之眞。他的夫人及四位子女，都是善良純眞。

李大哥的擇善固執，是很顯著的。歷史上的勁節出現，皆由於此擇善固執的一念。歷史的不墮，社會元氣的保留，繫此一念。

滄海叢刊書目（一）

國學類

中國學術思想史論叢(一)～(八)	錢　　穆　著
現代中國學術論衡	錢　　穆　著
兩漢經學今古文平議	錢　　穆　著
宋代理學三書隨劄	錢　　穆　著
論語體認	姚　式　川　著
西漢經學源流	王　葆　玹　著
文字聲韻論叢	陳　新　雄　著
楚辭綜論	徐　志　嘯　著

哲學類

國父道德言論類輯	陳　立　夫　著
文化哲學講錄(一)～(六)	鄔　昆　如　著
哲學與思想	王　曉　波　著
內心悅樂之源泉	吳　經　熊　著
知識、理性與生命	孫　寶　琛　著
語言哲學	劉　福　增　著
哲學演講錄	吳　　怡　著
後設倫理學之基本問題	黃　慧　英　著
日本近代哲學思想史	江　日　新　譯
比較哲學與文化(一)(二)	吳　　森　著
從西方哲學到禪佛教——哲學與宗教一集	傅　偉　勳　著
批判的繼承與創造的發展——哲學與宗教二集	傅　偉　勳　著
「文化中國」與中國文化——哲學與宗教三集	傅　偉　勳　著
從創造的詮釋學到大乘佛學——哲學與宗教四集	傅　偉　勳　著
中國哲學與懷德海	東海大學哲學研究所主編
人生十論	錢　　穆　著
湖上閒思錄	錢　　穆　著
晚學盲言(上)(下)	錢　　穆　著
愛的哲學	蘇　昌　美　著
是與非	張　身　華　譯

邁向未來的哲學思考	項退結著
逍遙的莊子	吳怡著
莊子新注（內篇）	陳冠學著
莊子的生命哲學	葉海煙著
墨子的哲學方法	鐘友聯著
韓非子析論	謝雲飛著
韓非子的哲學	王邦雄著
法家哲學	姚蒸民著
中國法家哲學	王讚源著
二程學管見	張永儁著
王陽明——中國十六世紀的唯心主義哲學家	張君勱著、江日新譯
王船山人性史哲學之研究	林安梧著
西洋百位哲學家	鄔昆如著
西洋哲學十二講	鄔昆如著
希臘哲學趣談	鄔昆如著
中世哲學趣談	鄔昆如著
現代哲學述評㈠	傅佩榮編譯
中國十九世紀思想史(上)(下)	韋政通著
存有・意識與實踐——熊十力體用哲學之詮釋與重建	林安梧著
先秦諸子論叢	唐端正著
先秦諸子論叢（續編）	唐端正著
周易與儒道墨	張立文著
孔學漫談	余家菊著
中國近代新學的展開	張立文著
近代哲學趣談	鄔昆如著
現代哲學趣談	鄔昆如著
哲學與思想——胡秋原選集第二卷	胡秋原著
從哲學的觀點看	關子尹著
中國死亡智慧	鄭曉江著
道德之關懷	黃慧英著

宗教類

天人之際	李杏邨著
佛學研究	周中一著

佛學思想新論	楊惠南 著
現代佛學原理	鄭金德 著
絕對與圓融——佛教思想論集	霍韜晦 著
佛學研究指南	關世謙 譯
當代學人談佛教	楊惠南編著
從傳統到現代——佛教倫理與現代社會	傅偉勳主編
簡明佛學概論	于凌波 著
修多羅頌歌	陳慧劍譯註
佛教思想發展史論	楊惠南 著
佛家哲理通析	陳沛然 著
禪話	周中一 著
唯識三論今詮	于凌波 著

自然科學類

異時空裡的知識追逐 ——科學史與科學哲學論文集	傅大爲 著

應用科學類

壽而康講座	胡佩鏘 著

社會科學類

中國古代游藝史 ——樂舞百戲與社會生活之研究	李建民 著
憲法論集	林紀東 著
憲法論叢	鄭彥棻 著
國家論	薩孟武 譯
中國歷代政治得失	錢穆 著
先秦政治思想史	梁啟超原著、賈馥茗標點
當代中國與民主	周陽山 著
釣魚政治學	鄭赤琰 著
政治與文化	吳俊才 著
世界局勢與中國文化	錢穆 著
海峽兩岸社會之比較	蔡文輝 著
印度文化十八篇	糜文開 著
美國的公民教育	陳光輝 譯
美國社會與美國華僑	蔡文輝 著
宗教與社會	宋光宇 著

文化與教育	錢　穆 著
開放社會的教育	葉學志 著
大眾傳播的挑戰	石永貴 著
傳播研究補白	彭家發 著
「時代」的經驗	汪　琪、彭家發 著
書法心理學	高尚仁 著
清代科舉	劉兆璸 著
排外與中國政治	廖光生 著
中國文化路向問題的新檢討	勞思光 著
立足臺灣，關懷大陸	韋政通 著
開放的多元化社會	楊國樞 著
臺灣人口與社會發展	李文朗 著
財經文存	王作榮 著
財經時論	楊道淮 著

史地類

古史地理論叢	錢　穆 著
歷史與文化論叢	錢　穆 著
中國史學發微	錢　穆 著
中國歷史研究法	錢　穆 著
中國歷史精神	錢　穆 著
憂患與史學	杜維運 著
與西方史家論中國史學	杜維運 著
清代史學與史家	杜維運 著
中西古代史學比較	杜維運 著
歷史與人物	吳相湘 著
共產國際與中國革命	郭恒鈺 著
抗日戰史論集	劉鳳翰 著
盧溝橋事變	李雲漢 著
歷史講演集	張玉法 著
老臺灣	陳冠學 著
臺灣史與臺灣人	王曉波 著
變調的馬賽曲	蔡百銓 譯
黃　帝	錢　穆 著
孔子傳	錢　穆 著
宋儒風範	董金裕 著

增訂弘一大師新譜　林子青 著
精忠岳飛傳　李安 著
張公難先之生平　李飛鵬 著
唐玄奘三藏傳史彙編　釋光中 編
一顆永不殞落的巨星　釋光中 著
新亞遺鐸　錢穆 著
困勉強狷八十年　陶百川 著
困強回憶又十年　陶百川 著
我的創造・倡建與服務　陳立夫 著
我生之旅　方治 著

語文類

文學與音律　謝雲飛 著
中國文字學　潘重規 著
中國聲韻學　潘重規、陳紹棠 著
詩經研讀指導　裴普賢 著
莊子及其文學　黃錦鋐 著
離騷九歌九章淺釋　繆天華 著
陶淵明評論　李辰冬 著
鍾嶸詩歌美學　羅立乾 著
杜甫作品繫年　李辰冬 著
唐宋詩詞選——詩選之部　巴壺天 編
唐宋詩詞選——詞選之部　巴壺天 編
清眞詞研究　王支洪 著
苕華詞與人間詞話述評　王宗樂 著
元曲六大家　應裕康、王忠林 著
四說論叢　羅盤 著
漢賦史論　簡宗梧 著
紅樓夢的文學價值　羅德湛 著
紅樓夢與中華文化　周汝昌 著
紅樓夢研究　王關仕 著
中國文學論叢　錢穆 著
牛李黨爭與唐代文學　傅錫壬 著
迦陵談詩二集　葉嘉瑩 著
翻譯散論　張振玉 著
西洋兒童文學史　葉詠琍 著

一九八四	George Orwell 原著　劉紹銘　譯
文學原理	趙滋蕃　著
文學新論	李辰冬　著
分析文學	陳啟佑　著
學林尋幽——見南山居論學集	黃慶萱　著
解讀現代・後現代 ——文化空間與生活空間的思索	葉維廉　著
中西文學關係研究	王潤華　著
魯迅小說新論	王潤華　著
比較文學的墾拓在臺灣	古添洪、陳慧樺主編
從比較神話到文學	古添洪、陳慧樺主編
神話即文學	陳炳良等譯
現代文學評論	亞菁　著
現代散文新風貌	楊昌年　著
現代散文欣賞	鄭明娳　著
實用文纂	姜超嶽　著
增訂江皋集	吳俊升　著
孟武自選文集	薩孟武　著
藍天白雲集	梁容若　著
野草詞	韋瀚章　著
野草詞總集	韋瀚章　著
李韶歌詞集	李韶　著
石頭的研究	戴天　著
留不住的航渡	葉維廉　著
三十年詩	葉維廉　著
寫作是藝術	張秀亞　著
讀書與生活	琦君　著
文開隨筆	糜文開　著
印度文學歷代名著選(上)(下)	糜文開編譯
城市筆記	也斯　著
歐羅巴的蘆笛	葉維廉　著
移向成熟的年齡——1987～1992詩	葉維廉　著
一個中國的海	葉維廉　著
尋索：藝術與人生	葉維廉　著
山外有山	李英豪　著
知識之劍	陳鼎環　著

還鄉夢的幻滅	賴景瑚	著
葫蘆・再見	鄭明娳	著
大地之歌	大地詩社	編
往日旋律	幼柏	著
鼓瑟集	幼柏	著
詩與禪	孫昌武	著
禪境與詩情	李杏邨	著
文學與史地	任遵時	著
耕心散文集	耕心	著
女兵自傳	謝冰瑩	著
抗戰日記	謝冰瑩	著
給青年朋友的信(上)(下)	謝冰瑩	著
冰瑩書柬	謝冰瑩	著
我在日本	謝冰瑩	著
大漢心聲	張起鈞	著
人生小語㈠～㈥	何秀煌	著
記憶裏有一個小窗	何秀煌	著
回首叫雲飛起	羊令野	著
康莊有待	向陽	著
湍流偶拾	繆天華	著
文學之旅	蕭傳文	著
文學邊緣	周玉山	著
文學徘徊	周玉山	著
種子落地	葉海煙	著
向未來交卷	葉海煙	著
不拿耳朵當眼睛	王讚源	著
古厝懷思	張文貫	著
材與不材之間	王邦雄	著
忘機隨筆——卷一・卷二	王覺源	著
忘機隨筆——卷三・卷四	王覺源	著
詩情畫意——明代題畫詩的詩畫對應內涵	鄭文惠	著
文學與政治之間——魯迅、新月、文學史	王宏志	著
劫餘低吟	法天	著
洛夫與中國現代詩	費勇	著
老舍小說新論	王潤華	著

美術類

音樂人生	黃友棣 著
樂圃長春	黃友棣 著
樂苑春回	黃友棣 著
樂風泱泱	黃友棣 著
樂境花開	黃友棣 著
樂浦珠還	黃友棣 著
音樂伴我遊	趙琴 著
談音論樂	林聲翕 著
戲劇編寫法	方寸 著
戲劇藝術之發展及其原理	趙如琳譯著
與當代藝術家的對話	葉維廉 著
藝術的興味	吳道文 著
根源之美	莊申 著
扇子與中國文化	莊申 著
從白紙到白銀	莊申 著
水彩技巧與創作	劉其偉 著
繪畫隨筆	陳景容 著
素描的技法	陳景容 著
建築鋼屋架結構設計	王萬雄 著
建築基本畫	陳榮美、楊麗黛 著
中國的建築藝術	張紹載 著
室內環境設計	李琬琬 著
雕塑技法	何恆雄 著
生命的倒影	侯淑姿 著
文物之美——與專業攝影技術	林傑人 著

滄海美術叢書

儺ㄋㄨㄛˊ史——中國儺文化概論	林河 著
挫萬物於筆端——藝術史與藝術批評文集	郭繼生 著
貓。蝶。圖——黃智溶談藝錄	黃智溶 著
中國美術年表	曾堉 著
美的抗爭——高爾泰文選之一	高爾泰 著
萬曆帝后的衣橱——明定陵絲織集錦	王岩編撰